JN298434

小学校算数
「数学的な考え方」を どう育てるか

編者 吉川成夫 / 小島宏

教育出版

執筆者一覧

吉川　成夫	共栄大学　教授，前・文部科学省初等中等教育局　視学官
小島　　宏	財団法人　教育調査研究所　研究部長（評議員）
松本　武志	北区立西ヶ原小学校　校長
菅野　宏隆	中央区立佃島小学校　校長
廣田　敬一	鎌倉女子大学　特任教授
柾谷　雅弘	練馬区立南田中小学校　校長
大野　洋子	足立区立舎人第一小学校　校長
山本　英一	北区立王子小学校　校長
福島　幸子	八王子市立弐分方小学校　校長
五関　正治	品川区立台場小学校　校長
阿部　　卓	練馬区立大泉東小学校　校長
黒田　泰正	港区立芝浦小学校　校長
鈴木　雅恵	北区立西浮間小学校　主幹教諭
安部　正義	足立区立西新井第二小学校　教諭
森　　和子	北区立王子小学校　教諭
加藤　賢一	中央区立佃島小学校　主任教諭
石丸　和孝	福生市立福生第三小学校　教諭
新宅　直人	杉並区立和田小学校　教諭
堀合　葉子	八王子市立弐分方小学校　教諭
守田　聰美	杉並区立和田小学校　主幹教諭
本橋　大喜	府中市立府中第六小学校　教諭
柴田　忠幸	福生市立福生第三小学校　主幹教諭
小玉　祥史	北区立西ヶ原小学校　教諭
永瀬　晃子	府中市立日新小学校　教諭
山田美菜子	港区立お台場学園港陽小学校　主幹教諭
増本　敦子	杉並区立南伊豆健康学園　教諭
山岸　寛也	世田谷区立守山小学校　副校長

はじめに

　算数科においては，一貫して「数学的な考え方（数学を支える数学的な考え方＝数学的な態度，数学をつくり出すために必要な数学的な考え方，数学の内容にかかる数学的な考え方＝数学を学習しなければ身に付かない考え方）」の育成が重視されてきました。このことについては新しい小学校学習指導要領（平成20年3月告示）における算数科においても同様です。

　「数学的な考え方」は重要で，これを育成することについて，異を唱える人は誰一人としていません。にもかかわらず，実際の算数授業では，45分授業の始めの数分間を計算ドリルの時間にして，実質的な学習活動を40分足らずにしたり，授業展開が教師説明の教え込みになったり，自力解決の段階の評価と支援が不十分だったりして，教師の意識と実際授業に大きな乖離が見られるのが現状です。

　そこで，「数学的な考え方」をどのように育てたらよいか，分かりやすく解説し，具体的に指導案や実践例として提案することを考え，本書を企画いたしました。幸いにして，算数研究会を自主的に毎月第3土曜日に20年来継続しているOCHIAIKAIの協力が得られ，累積してきた成果の一端を原稿にまとめていただきました。多忙な中から協力していただいたことに対して心から感謝申し上げます。ありがとうございました。

　本書が，多くの先生方の手に渡り，児童たちに「数学的な考え方」を育てる一助となり，新しい小学校学習指導要領に基づく算数科の授業が一層充実することをひそかに願っているところであります。また，読者の皆様からの厳しいご批判とご感想をお願いいたします。よろしくお願いいたします。

　なお，思いは強いものの曖昧模糊とした構想を，このように筋道立てて素敵な本にまとめていただいた編集部の青木佳之氏に感謝申し上げます。

2011年4月
編者　吉川　成夫
　　　小島　宏

なぜ数学を学ぶのか
——序にかえて——

　小学校算数で指導する数量や図形についての内容は，毎日の生活や学習での活動の基盤となるものである。また，将来に児童たちが進むであろう様々な分野での活動の基盤ともなるものである。小学校での教科「算数」は，中学校，高校では「数学」となり，どちらも学問としての数学をその背景にもっている。そうした数学は，人間が長い歴史の中でつくり上げてきたものである。

　世界の各国で，学校の教育課程には数学が位置付けられている。それは，数学に教育的な価値があると認められ，児童たちにとって学ぶべき価値があると認められているからである。

　なぜ数学を学ぶのだろうか。第一の理由としては，生活や学習を進めるうえで数学の知識や技能，考え方が実際に役立つという「実用性」があげられる。私たちの生活の中では，例えば新聞やテレビを見ているときにも，数，量，図形，表やグラフが使われて，事実が伝えられたり，意見や考え方が紹介されたりしている。そのように数学の様々な内容は，日常生活においても，また専門分野での仕事においても，実際に用いられ役に立っているのである。

　第二の理由としては，数学の知識・技能を習得する過程や，数学の知識・技能を活用し問題解決をする過程において，考える力や，主体的に学習する態度を身に付けられるという「形式陶冶性」があげられる。数学の知識・技能などの内容には，系統性が明確であるという特色がある。学習者が数学の新しい内容を身に付けようとするとき，これまでに自分が身に付けた内容を用いて，それに自ら工夫を加え，新たなものをつくり出していくという形で習得していくことが多い。そうした学習の過程を通じて，例えば，演繹，帰納，類比といった思考の様式を体験したり，自ら主体的に学んでいく活動を体験したりすることができるのである。

　第三には，数学を学ぶことにより，数学のもつ「文化性」にふれることができるという理由があげられる。人間は，物の個数をとらえることから整数の意味とその表し方を明らかにしてきた。整数では表すことのできない大きさを小

数や分数で表すようにしたり，さらに数量の関係の調べ方を工夫したりしてきた。物の形をとらえることから図形の意味を明らかにし，その性質や関係についても調べてきた。そうした数学の様式と内容は，人間の精神的生活によって形成されてきた文化である。数学という文化をもとにして，社会における技術的発展が進み，文明が進歩したのである。

　本書では，小学校算数での「数学的な考え方」の意味や，数学的な考え方を育てる学習指導の在り方を明らかにしようとしている。数学的な考え方は，上にあげた「実用性」「形式陶冶性」「文化性」のそれぞれの観点から見て，優れた価値をもつものである。

　平成23年度から新しい学習指導要領による算数の指導が始まる。この新しい学習指導要領では，各教科において言語活動の充実を求めている。ここでいう言語とは，数式なども含む広い意味での言語である。また，算数の目標には算数的活動が冒頭に位置づいており，各学年の内容としても算数的活動が具体的に示されている。さらに，知識・技能を習得することと，それらを活用して問題を解決し思考力・判断力・表現力を育成することの両方を重視している。

　今回の学習指導要領の改訂のもとになった『中央教育審議会答申』（平成20年）では，算数科，数学科の改善の基本方針の一つとして，数学的な思考力の育成について次のように述べている。

　「数学的な思考力・表現力は，合理的，論理的に考えを進めるとともに，互いの知的なコミュニケーションを図るために重要な役割を果たすものである。このため，数学的な思考力・表現力を育成するための指導内容や活動を具体的に示すようにする。特に，根拠を明らかにし筋道を立てて体系的に考えることや，言葉や数，式，図，表，グラフなどの相互の関連を理解し，それらを適切に用いて問題を解決したり，自分の考えを分かりやすく説明したり，互いに自分の考えを表現し伝え合ったりすることなどの指導を充実する。」

　このように，算数の学習では，日常の言語をはじめ，数，式，図，表，グラフなど様々な表現の手段を用いて，考えたり，自分の考えを説明・表現したりする学習活動を充実させることが大切である。

吉川　成夫

目　　次

はじめに

なぜ数学を学ぶのか　──「序」にかえて──

第1章　数学的な考え方とは ……………………………………… *1*
　1　数学的な考え方の意味と内容 …………………………… *1*
　2　数学的な考え方の特徴 …………………………………… *3*
　3　児童の「数学的な考え方」の実態 …………………… *6*

第2章　算数科における習得・活用・探究 …………………… *11*
　1　算数科における習得 ……………………………………… *11*
　2　算数科における活用 ……………………………………… *15*
　3　算数科における探究 ……………………………………… *17*

第3章　算数的活動と数学的な考え方(「思考・判断・表現」) ……… *19*
　1　算数的活動の役割 ………………………………………… *19*
　2　算数的活動の類型 ………………………………………… *20*
　3　算数的活動と言語活動の充実 …………………………… *23*
　4　算数的活動の効果的な活用 ……………………………… *24*

第4章　数学的な考え方と問題解決学習 ……………………… *29*
　1　問題解決学習の必要性 …………………………………… *29*
　2　問題解決学習の基本形 …………………………………… *32*
　3　問題解決学習と習得・活用・探究 …………………… *37*

第5章　既習事項の活用 ………………………………………… *39*
　1　既習事項の活用のパターン ……………………………… *39*
　2　既習事項を活用した問題の解決 ………………………… *40*

3　既習事項を活用した新しいことの学び取り ………………… *46*

第6章　数学的な考え方を育てるポイント ……………………… *48*
　　1　「数学的な考え」が育ったとは ……………………………… *48*
　　2　「数学的な考え方」の評価 …………………………………… *49*
　　3　「数学的な考え方」を育てるポイント ……………………… *51*

第7章　算数科の学習評価 ……………………………………………… *56*
　　1　算数科のPDCAサイクル ……………………………………… *56*
　　2　算数科の観点別学習評価と評定 ……………………………… *57*
　　3　算数科の指導と評価の一体化 ………………………………… *59*

第8章　数学的な考え方を育てる授業モデル ……………………… *64*
　　1　担任の授業のモデル指導案 …………………………………… *64*
　　2　TT授業のモデル指導案 ……………………………………… *70*
　　3　少人数指導のモデル指導案 …………………………………… *76*
　　4　習熟度別指導のモデル指導案 ………………………………… *81*

第9章　数学的な考え方を育てる授業実践例 ……………………… *87*
　　実践例1　　第1学年の「たし算」 …………………………… *87*
　　実践例2　　第1学年の「ひき算」 …………………………… *93*
　　実践例3　　第2学年の「長さ」 ……………………………… *100*
　　実践例4　　第2学年の「かけ算九九」 ……………………… *106*
　　実践例5　　第3学年の「わり算」 …………………………… *112*
　　実践例6　　第3学年の「かけ算」 …………………………… *118*
　　実践例7　　第3学年の「図形」（二等辺三角形と正三角形） ……… *125*
　　実践例8　　第4学年の「面積」 ……………………………… *132*
　　実践例9　　第4学年の「分数」（分数をくわしく調べよう） ……… *138*
　　実践例10　第4学年の「式と計算」 ………………………… *144*
　　実践例11　第5学年の「合同な図形」 ……………………… *150*
　　実践例12　第5学年の「単位量当たりの大きさ」 ………… *156*

実践例13	第5学年の「小数のわり算」	………………………	*162*
実践例14	第6学年の「比例と反比例」	………………………	*168*
実践例15	第6学年の「文字を使った式」	……………………	*174*
実践例16	第6学年の「分数のわり算」	………………………	*180*

第10章　数学的な考え方の他教科等への活用 …………………… *186*

  1　数学的な考え方の各教科への活用 ……………………………… *186*

  2　数学的な考え方の他領域への活用 ……………………………… *188*

  3　生活への活用 ……………………………………………………… *188*

第1章　数学的な考え方とは

1　数学的な考え方の意味と内容

　算数科の主たるねらいは，数学的な考え方を育成することにある。そこで，数学的な考え方はどのように意味づけられるのか，また，その内容としてどのようなものがあるか明確にする必要がある。

(1)　算数科の目標から見た「数学的な考え方」

　小学校学習指導要領（平成20年3月告示）算数科の目標は，次のように示され，数学的な考え方については同解説算数編（平成22年8月）で，下表①～④のように説明している。

> 　算数的活動を通して，数量や図形についての基礎的・基本的な知識及び技能を身に付け，「★日常の事象について見通しをもち筋道を立てて考え，表現する能力を育てる」とともに，算数的活動の楽しさや数理的な処理のよさに気付き，進んで生活や学習に活用しようとする態度を育てる。（★は著者加筆。「★」内が数学的な考え方にあたる。）

①日常の事象とは，児童の生活や学習の場面において，広く算数を活用する対象となる事象を意味している。その際，児童がある目標を実現したいと思い，目標の実現のために多少の困難さが伴うというとき，その事象は児童にとっての問題となる。問題を解決するための新しい方法を作り結果を得ようとするとき，見通しをもち筋道を立てて考えることが必要になる。

②解決のための方法や結果についての見通しをもとうとするとき，問題の個々の要素や全体的な状況を観察したり，自ら試行や実験をしたりすることが役立つことが多い。また，幾つかの具体例を調べて共通性を見付けるという帰納的な考えや，類似の場面から推測するという類推的な考えを用いることもある。見通しをもつことは，問題の解決を適切にまた合理的に進めていく上で重要なものである。

③問題解決の方法や結果が正しいことをきちんと示すためには，筋道を立てて考えることが求められる。それは，根拠を明らかにしながら，一歩ずつ進めていくという考えである。ある前提を基にして説明していくという演繹的な考えが

> 代表的なものであるが，児童が算数を学習していく中では，帰納的な考えや類推的な考えもまた，根拠となる事柄を示すという点で，筋道を立てた考えの一つといえる。
> ④考えを表現する過程で，自分のよい点に気付いたり，誤りに気付いたりすることがあるし，自分の考えを表現することで，筋道を立てて考えを進めたり，よりよい考えを作ったりできるようになる。授業の中では，様々な考えを出し合い，お互いに学び合っていくことができるようになる。　　　　（○数字は筆者）

(2) 児童指導要録の観点の趣旨から見た「数学的な考え方」

児童指導要録（文科省「通知」平成22年5月11日）によると，算数科の評価の観点「数学的な考え方」の趣旨を要約すると次のようになる。

> ①日常の事象を数理的にとらえ，②見通しをもち，③筋道を立てて考え，④表現したり，⑤そのことから考えを深めたりするなど，⑥数学的な考え方の基礎を身に付けている。

観点「数学的な考え方」の趣旨は，究極的には⑥にあると思われるが，具体的には①～⑤に配慮することを求めていると理解することができる。

この観点の趣旨を低・中・高学年について見ると下表のようになり，発達段階に即した数学的な考え方の育成の重点や配慮事項をとらえることができる。小学校における「数学的な考え方」を身に付けた最終的な姿は，高学年の①～⑤と理解することが妥当であろう。

共通	①数量や図形についての基礎的・基本的な知識及び技能の習得や活用を通して
低学年	②数理的な処理に親しみ， ③考え ④表現したり工夫したりしている。
中学年	②日常の事象について見通しをもち筋道を立てて考え， ③表現したり， ④そのことから考えを深めたりするなど， ⑤数学的な考え方の基礎を身に付けている。
高学年	②日常の事象について論理的に考え， ③表現したり， ④そのことを基に発展的，統合的に考えたりするなど， ⑤数学的な考え方の基礎を身に付けている。

高学年④にある発展的に考えるとは，1つの解決の仕方が分かったとしてもそれにとどまらず，さらによりよい方法を見つけたり，より一般的な方法を探ろうとしたりする考え方で，発展的な考え方と言われるものである。
　また，統合的に考えるとは，多くの事柄を個々バラバラにしておかないで，異同を考察し，それらに共通する事柄を抽象して，より広い観点から同じものとしてまとめていこうとする考え方で，統合的な考え方と言われる。

2　数学的な考え方の特徴

　数学的な考え方を明確にするために，歴史的な変遷，研究者のとらえ方，数学的な考え方の活用の視点から考察し，その特徴をとらえてみる。

(1)　「数学的な考え方」の変遷

　数学的な考え方を育てることに関する事柄を，学習指導要領等に基づいて辿ってみると次のようになる。昔から算数教育では，知識・技能を習得させ，その後それを活用できるようにすればよいと単純に考えていたのではないことがうかがい知れる。

①小学校令施行規則第4条(明治33(1900)年)「思想ヲ精確ナラシムルヲ以テ要旨トス(註：思想とはものの見方考え方)」

②国定教科書（通称緑表紙）（昭和10～15年)「児童の数理思想を開発すること。日常生活を数理的に正しくするよう指導すること」

③学習指導要領算数科目標(昭和26年)「物事を，数量関係から見て，考察処理する能力を伸ばし，算数を用いて，めいめいの思考や行為を改善しつづけてやまない傾向を伸ばす。数学的な内容についての理解を伸ばし，これを用いて数量関係を考察又は処理する能力を伸ばすとともに，さらに，数量関係を一層手際よく処理しようとして，工夫する傾向を伸ばす。」

④学習指導要領算数科目標(昭和33年)「より進んだ数学的な考え方や処理の仕方を生み出すことができるようにする。数量的な事柄や関係について，適切な見通しを立てたり，筋道を立てたりする能力を伸ばし，物事を一層自主的，合理的に処理することができるようにする。」

⑤算数科の目標(昭和43年)「日常の事象を数理的に捉え，筋道を立てて考え，統合的，発展的に考察し処理する能力と態度を育てる。適切な見通しをもち，筋道を立てて考えるとともに，目的に照らして結果を検討し処理することが

できるようにする。」
⑥算数科の目標(昭和43年)「日常の事象を数理的に捉え，筋道を立てて考え，処理する能力と態度を育てる。」
⑦算数科の目標(平成元年・10年)「日常の事象について見通しをもち筋道を立てて考える能力を育てる」
⑧算数科の目標(平成20年)「日常の事象について見通しをもち筋道を立てて考え，表現する能力を育てる」

(2) 片桐重男の「数学的な考え方」

数学的な考え方について，片桐重男(横浜国立大学名誉教授)は，次のように分類整理している。数学的な考え方の中身の理解に役立つので要約抜粋して紹介する。(詳しくは参考文献に直接あたっていただきたい。)

〈数学的な態度〉
1．自ら進んで自己の問題や目的・内容を明確に把握しようとする，2．筋道の立った行動をしようとする(見通しを立てようとする，使える資料や既習事項，仮定に基づいて考えようとするなど)，3．内容を簡潔明確に表現しようとする，4．よりよいものを求めようとする対象的(具体的)思考から操作的(抽象的，註：操作するものは具体物ではなく概念である)思考に高めようとする，自他の思考を評価し，洗練しようとする(知的コミュニケーションにより学び合い高め合う)

〈数学の方法に関係した数学的な考え方　★は特に重視される考え方〉
1．★帰納的な考え方，2．★類推的な考え方，3．★演繹的な考え方，4．★統合的な考え方（含・拡張的な考え方），5．★発展的な考え方，6．抽象化の考え方，7．単純化の考え方，8．一般化の考え方，9．特殊化の考え方，10．記号化の考え方，11．数量化の考え方，12．図形化の考え方

〈数学の内容に関係した数学的な考え方〉
1．集合の考え，2．単位の考え，3．表現の考え，4．操作の考え，5．アルゴリズムの考え，6．概括的把握の考え，7．基本的性質の考え，8．関数の考え，9．式についての考え

(3) 数学的な考え方の活用

数学的な考え方の価値は，これが活用されることによって，生活や学習に関わる課題(問題)が解決できたり，新しいことをつくり出したりするなどにあると思われる。そこで，数学的な考え方の活用の様相について整理してみる。

①算数の問題を解決する

　知識の再生や計算・作図・測定の迅速処理は，数学的な考え方を抜きにしては何の役にも立たない。計算はできるのに文章題が解けないということと，立式はできたのに計算違いで文章題が誤答になったということの間には，雲泥の差があるのである。

　算数の問題を解決するためには，既習事項(知識・技能，考え方など)を活用し，事象を数理的にとらえ，解決や結果の見通しをもち，筋道を立てて考え，表現し，吟味しながら進めることが必要である。

　文章題をはじめ算数の問題を解決するためには，数学的な考え方の基礎(例えば，前節(2)の数学的な態度や数学の方法に関係した数学的な考え方及び数学の内容に関係した数学的な考え方)を身に付け，それらを活用していくことが不可欠である。

②初めて出合った算数の問題の解決に挑戦する

　算数では，既に学習した内容についての問題を解決することばかりではない。今までに出合ったこともない問題の解決に挑戦することもある。このようなときに威力を発揮するのが，数学的な考え方である。これまでに身に付けた数学的な考え方を活用し，既習の知識・技能を用いて，まさに見通しをもち筋道を立てて考え，それを表現し，解決の過程を確かめながら問題を解決していくのである。

　このことは特別に難しいことのように思われがちであるが，実は「新しい単元に入り，新しい内容を学習するときの導入問題は，まだ学習していないことを，既習事項を活用して，自分でできるところまでやってみる（自力解決）」という形で，算数の授業では日常的に行われている。

　これが，意図的に行われるのが文部科学省学力調査Ｂ問題やPISA調査の数学的リテラシー・読解力・問題解決である。

③他教科等の問題を解決する

　数学的な考え方は，算数・数学の授業だけで育成されるものではない。見通しをもち筋道を立てて考えるなど(★1)は，国語や図画工作，体育などにおいても用いられる。また，帰納的な考え方や演繹的な考え方など(★2)も理科や総合的な学習の時間にも学んでいる。

　ということは，算数の授業で学んだ考え方(数学的な考え方)を，他教科・道

徳・総合的な学習の時間・特別活動などにおいて活用することは当然である。

この場合，★1・2は相互乗り入れの感があるが，算数の授業で一層研ぎ澄まされ，加えて算数を学習することによって身に付いた集合の考えや関数の考えなどが，他教科の学習内容の理解を助けたり，問題を解決したり，考察・判断したりすることに有効に活用されることになる。

④生活や実社会の問題を解決する

算数科の目標の中に「進んで生活や学習に活用しようとする」とあるのは，算数科で身に付けた既習事項(知識・技能，考え方など)を，次のように活用していくことができるような児童を育てることを期待したものである。◎印は，文部科学省学力調査B問題やPISA調査の数学的リテラシー・読解力・問題解決にかかわる活用である。

○既習事項を学習に活用して，問題を解決したり，新しいことを学び取ったりできるようにする。

◎生活の中で，既習事項を活用して，賢い消費生活や合理的な生活ができるようにする。

◎生活の中で起こる諸課題（諸問題）を数学的な考え方その他を活用して解決できるようにする。

◎実社会の中で起こる諸課題（諸問題）を数学的な考え方その他を活用して解決できるようにする。

⑤自己の考え方や生き方に活用する

数学的な考え方の基礎を身に付け，それらを用いて，自己の考え方や生き方に積極的に反映させたり，少なからず影響を受けて自己の考え方や生き方に特徴（傾向）が出たりすることが考えられる。

小学生には高度だというとらえ方もある。しかし，物事を行う前に見通しを立てる，プロセスの根拠や論理性を吟味する，誰もが納得できる説明をする，正確で適切な判断をする，幾つかの事例をもとに共通することを見つけ本質を明らかにするなどは，発達段階を配慮すれば，その素地を養うことは可能である。

3　児童の「数学的な考え方」の実態

児童の数学的な考え方を育てるためには，現在の児童の数学的な考え方に関

する実態を把握し，どこに重点を置いたらよいか理解しておく必要がある。

(1) **文部科学省学力調査「Ｂ問題」**

　文部科学省では，「主として知識に関する問題いわゆるＡ問題」(身に付けておかなければ後の学年等の学習に影響を及ぼす内容や，実生活において不可欠であり常に活用できるようになっていることが望ましい知識・技能など)と，「主として活用に関する問題いわゆるＢ問題」(知識・技能等を実生活の様々な場面に活用する力や，様々な課題解決のための構想を立て実践し評価・改善する力などにかかわる内容)について学力調査を行っている。

　数学的な考え方を活用する「Ｂ問題」について，平成21年および22年(4月実施，小学校6学年)の実態を概観し，要約すると次のようになる。

	Ａ問題	Ｂ問題
平成21年度平均正答率	78.8%	55.0%
平成22年度平均正答率	74.4%	49.6%

○全体的に，思考力，判断力，表現力など，既習事項を活用して問題を解決することに課題がある。
○特に，日常事象を数理的にとらえ，解決し，説明することが不十分である。

　以上の実態に鑑み，知識・技能をドリルで記憶・習熟させ，その後これらを使って問題を解決するという形式的な授業では，この実態を改善することはできない。問題解決学習を重視し，「①問題を理解する→②考える→③表現する→④学び合う→⑤分かる→⑥できる→⑦使ってみる→⑧使える→①……」というサイクルの中で，活用しながら定着させ，維持し，向上させる授業づくりが求められる。

　どのようにして解決したのか，どのように考えたのかを説明する活動，何を根拠にそう判断したのか説明する活動，なぜそれでよいか根拠をあげて説明(証明)する活動など，仕方や考え方，見つけたこと，説明(証明)すること等の表現することを積極的に取り入れる必要がある。

　これは，児童指導要録で「数学的な考え方」が「思考・判断・表現」の「表現」を含んだものとして評価することになったことと重なり，意義のあることである。

(2) PISA調査「数学的リテラシー＆読解力」

　OECD生徒学習到達度調査（PISA2009）では，読解力を中心分野として重点的に，合わせて数学的リテラシー，科学的リテラシーの３分野について調査した。なお，留意することは，この調査は義務教育を修了した満15歳で社会に出るに際して必要な能力を調査するもので，習得した知識・技能を測定しているものではない。日本では，義務教育を修了した高等学校１学年で参加している。

読解力：自ら目標を達成し，自らの知識と可能性を発達させ，効果的に社会に参加するために，書かれたテキストを理解し，利用し，熟考し，これに取り組む能力と定義し，ただ単に情報を読み取る知識や技能だけでなく，様々な目的のために読みを価値づけたり，用いたりする能力によっても構成されるということから「これに取組む能力」が加えられた。

数学的リテラシー：数学が世界で果たす役割を見つけ，理解し，現在および将来の個人の生活，職業生活，友人や家族や親族との社会生活，建設的で関心をもった思慮深い市民としての生活において，確実な数学的根拠に基づいた判断を行い，数学に携わる能力と定義される。

科学的リテラシー：自然界および人間の活動によって起こる自然界の繁華を理解し，意思決定をするために，科学的知識を明確にし，証拠に基づく結論を導き出す能力と定義される。

①読解力の実態

　PISA調査・読解力の過去の実態は，参加国全体の平均点を500点として換算したときの得点は下表のようになっている。

	2000年	2003年	2006年	2009年
読解力	522点　8位	498点　14位	498点　15位	520点　8位

　得点や順位が，決して優れているとはいえないまでも2000年レベルに回帰したことが，評価されている。しかし，もともと，この調査は，自国の生徒の内容的な実態をとらえ，カリキュラムの改善工夫に反映させようとの意図から行っているものであることを踏まえ，得点や順位にこだわらず，その内容を精査することが重要である。

　日本の生徒の特徴(PISA2009)は，必要な情報を見つけ，取り出すこと(情報へのアクセスや取り出し)は得意であるが，それに比べて，それらの関係性を理解

して解釈したり（統合・解釈），自らの知識や経験と結びつけたり（熟考・評価）することが苦手である。

	総合読解力	情報へのアクセス・取り出し	統合・解釈	熟考・評価
2009	520点　8位	530点　4位	520点　7位	521点　9位

以上のことから，小中学校において，発達段階に応じて，次のような事柄に配慮して算数科等の授業を改善工夫する必要がある。
○いつも定型の文章題を解決させるのではなく，長文の問題，表やグラフ，意見文などを用いた生活の中の具体的な事象を素材にした課題（問題）に出合わせるようにする。その際，算数科の指導内容だけに限らず各教科・領域に横断的・総合的にかかわるものに出合わせるようにもする。
○難しそうに見える問題，複雑に見える問題も，考える視点や方針が立てば解決の見通しがもて解決の道筋が見えてくるものである。複雑な問題を，目的（求答事項）を明確にして，単純化して考える学習体験をさせる必要がある。
○必要な情報が整然と提供されている問題ではなく，生活の中の実際的な場面を取り上げ，統合的・多面的に考える体験をさせる。
○読み取り，取り出した情報を批判させ，評価させ，自分の考えや判断をもたせ，表現させるようにする。
○複数の情報の中から適切なものを選択したり，説明（証明）に必要な資料を検索させたり，いくつかの資料や情報を組み合わせて考え方や意見をまとめたりし，それを文章等で表現し，それをもとにして知的コミュニケーションとして，伝え合い，学び合い，高め合う学習体験を豊かにする。
○批判的な読み（critical reading）と批判的な思考（critical thinking）を奨励する。
②数学的リテラシーの実態

過去の実態は，参加国全体の平均点を500点として換算したときの得点として下表のようになっている。

	2000年	2003年	2006年	2009年
数学的リテラシー	557点　1位	534点　6位	523点　10位	529点　9位
科学的リテラシー	550点　2位	548点　2位	531点　6位	539点　5位

知識・技能を再生したり，処理したり，単純な問題解決に活用することは得

意(TIMSS 学力調査の結果)であるが，それを実社会の課題として出題したり，これまでに体験したことのない問題として示されたりすると対応できない傾向がある。また，考え方や根拠(理由)を記述することに対しては，無答率が高く，既習事項を駆使して粘り強く取り組む意欲に課題がある。

さらに，十分に達している児童と努力を要する児童の2極化が著しいという傾向がある。実質的な「指導と評価の一体化」(PDCA の CA の重視)を実現し，「分からない児童」や「つまずいている児童」の実態を把握した授業改善が求められる。

(3) 日常授業における経験則から見た実態

算数科の目標を十分に達成したと判断できる児童もそうでない児童にとっても，楽しいのは「考えて難しい問題が解けたとき」「自分の仕方や考え方が説明できたとき」「友だちや先生から認められたとき」「学習したことを使ったら成功したとき」などと，共通な事柄を指摘している実態がある。このことは，分からない児童には教え込んでできるようにすることが大切だということで，数学的な考え方に出合う機会を奪っていることや，数学的な考え方を育てることを放棄することに大きな警鐘を与えている。

発達段階や実態に考慮しながら，数学的な考えをどの児童にも育てることを重視することが必要で価値のあることである。

(4) 「知識・技能のドリル」の限界

数学的な考え方を育てるために，知識の記憶と技能の習熟が大切だという理由で，ドリルの世界に児童を閉じ込めないようにすることである。導入前の5分間をドリルにする授業を行っていることがあるが，それは朝学習や宿題にして，1単位時間の授業をきちんと行い，「考え，表現し，学び合い，分かる」ものにすることである。ある程度身に付いたら，活用させながら定着させ，忘れないように維持し，さらに向上させるのがプロ教師の匠の技である。

〈引用・参考文献〉
文部科学省 (2008)「小学校学習指導要領」「同解説算数編」
片桐重男他 (1971)『数学的な考え方とその指導』近代新書出版社
片桐重男 (2004)『数学的な考え方の具体化と指導』明治図書
小島宏 (2004)『学力を高める算数科の授業づくり』教育出版
小島宏 (2008)『算数科の思考力・表現力・活用力』文溪堂

(小島　宏)

第2章 算数科における習得・活用・探究

1 算数科における習得

(1) 用語の意味〈習得・活用・探究的な学習活動〉

学校教育法第30条第2項「教育の目標」			算数科の目標・評価観点		
目標		学習段階	目標・観点		学習活動
基礎的な知識（を習得させ）		習 得	知識・理解		習得
技能を習得させ			技能		活用
これらを活用して課題を解決する思考・判断力・表現力をはぐくみ		活 用	数学的な考え方		
主体的に学習に取り組む態度を養う		探 究	関心・意欲・態度		探究

　この表は，学校教育法および小学校学習指導要領・同解説，中央教育審議会教育課程部会報告からまとめたものである。表の左側は，知識・技能を習得する段階，それらを活用して思考力・判断力・表現力を育てる段階，さらにそれらを主体的な学習に生かす探究の段階と階層構造を示している。なお，「探究的な学習」については，学習指導要領第5章「総合的な学習の時間」および同解説「総合的な学習の時間編」に詳述されていて，算数科における探究的な学習を考えるヒントが多く含まれている。

　しかし，児童の学びは知識や技能の習得，それらを活用した思考力・判断力・表現力の育成，主体的な探究を通した態度の形成と，段階的にかつ明確に分節化されるものではない。これは，算数科の知識，技能，数学的な考え方，関心・意欲・態度といった目標＝評価の観点そのものが相互関連的であり，単独で達成されることがあり得ないのと同様である。したがって，習得・活用・探究も知識，技能，数学的な考え方，関心・意欲・態度に広くまたがる学習活動であるといえる。そのことを示したのが表の右側である。

習得は主として知識や技能を身に付ける場面の学習活動であり，活用は主として数学的な考え方を育てる場面の学習活動である。さらに，探究は主として知識や技能，数学的な考え方を生かして，新しい問題に主体的に取り組む場面の学習活動であるとの考えを斜線で示した。

　小学校学習指導要領解説「総則編」20ページに，「これらの学習活動は相互に関連し合っており，截然と分類できるものではなく，知識・技能の活用を図る学習活動や総合的な学習の時間を中心とした探究活動を通して，思考力・判断力・表現力等がはぐくまれるとともに，知識・技能の活用を図る学習活動や探究活動が知識・技能の習得を促進するなど，実際の学習の過程としては，決して一つの方向で進むだけではない」と述べている通りである。

(2) 「確実に習得する学び」の条件

　知識を身に付けた，理解した，あるいは技能を身に付けたとき，児童は「分かった」「できた」と実感する。この実感こそが確実に習得した証しである。知識を丸暗記したり，ただ単に計算練習を積んだりするだけでは，実感を与えることはできない。「分かった」「できた」と実感させるには，「考える体験」と結びついた次のような学習活動をさせる必要がある。

① 何を「分かりたい」のか，何を「できるようになりたい」のか，問題意識を明確にもつこと

　　授業の始めに問題を提示したら，この時間では何を追究するのか明確に意識させたい。授業の始めには問題を書き，終わりには結論を書くノート指導および板書構成を低学年のときから習慣化するのが有効である。

② 作業的・体験的な活動を積極的に取り入れること

　　作業的・体験的な算数的活動に取り組むと，児童は五感を刺激され，数量や図形に関して豊かな感覚を湧き立たせる。これが問題意識とあいまって，気付きや発見を生む。特に低学年では，算数的活動はその授業の成否を握る大切な活動である。授業のねらいに即した活動を開発したい。

③ 図を使って説明する活動を系統的に積み重ねること

　　高学年でも算数的な活動は大切である。例えば分数の乗除計算では，機械的な操作で計算そのものはできても，その意味を説明することは難しい。図や数直線などを使い，できるだけ実感的に計算の意味をつかませたい。そのためには，低学年・中学年のときから，学年段階に合った図を使って説明す

る算数的活動に取り組ませておくことが必要である。
④　気付きや発見を言葉にすること
　　算数的活動の中で気付き，発見した数量や図形の仕組み，計算のやり方，問題を解く考え方などは，そのままでは消えてしまう。活動が楽しかった思い出だけが残り，どんな知識や技能を獲得したのか分からないまま授業が終わってしまう。これを防ぐためには，気付きや発見を言葉・数・式・図などで記述させることが大切である。教師はそれをじっと見守り，必要な部分は援助してやるようにしたい。
⑤　話し合いの中で多様な方法を分類整理し，全貌が見えるようにすること
　　気付きや発見について意見交換する場面である。気付きや発見には多様な方法があり，多様な段階がある。これらを出し合い，分類整理し，共通する考え方でつないでいく話し合いをさせる。このことを通して，自分のやり方がどの位置にあるのか，分かりやすいやり方はどれかなど，児童たちは学びを深めていく。一人では到達できない高みに導いてくれるのが話し合いである。「ああ，そうか」と腑に落ちたり，「これはいいぞ」と選択したりすることを通して，児童たちは数量の意味や図形の特徴などについて知識・理解を深め，計算や測定・作図などの技能を定着させ，算数への自信を高めていく。授業の中で指導がいちばん難しい場面である。児童たちに経験を積ませることとともに，教師自身の日々の鍛錬が求められる。
　　以上述べてきた学習活動は，下のようにまとめられる。

| 問題意識 | ― 算数的活動 ―
作業的・体験的・試行錯誤的・明確化しない思考
気付き・発見された仕組み・やり方・考え | → | ― 言語活動 ―
言葉や記号で考える・考えを記述する・表現する・説明する・話し合う
整理・選択・追体験 | ⇒ | 分かったできた
知識技能
（考え方） | 習得 |

(3)　活用を視野に入れた「習得する学び」の実例
　「○○を分かりたい」「○○をできるようになりたい」という問題意識から出発し，解決の方法を考え，実行し，結果を吟味して「分かった」「できた」となるとき，知識・技能は習得され＝定着するのである。その意味で習得は，思考力・判断力・表現力の育成と不可分な関係にあるといえる。
　さらにこの過程で，習得した知識・技能が社会生活のこのような場面で，あ

るいは他教科・領域のこのような場面で使えるのだと知ることは、習得しようとする意欲を高める。

　また、算数には本来、前に習得した知識や技能を既習事項として活用し、新しい知識や技能、考え方の発見を導き、算数そのものを広げていくという教科の特性がある。単元の指導を通して、前時に習得した知識・技能は、次時に活用できることを体感させることが大切である。

実践例；２学年「かけ算九九」

　単元全体で知識・技能の習得、それらを活用して考える学び、若干の探究的学習の３者をバランスよく組み合わせた指導計画である。

　加法・減法、２とび・５とびの数え方などを既習事項として、乗法の意味を累加から導入し、新しい計算として定義する。続いて、被乗数が２、５、３、４のかけ算九九を構成し、暗唱する。児童たちにとっては、算数らしい算数学習であり、暗唱そのものにも適度な困難感と達成感のある楽しい教材である。それゆえ、ともすれば機械的に構成し、ひたすら暗記するといった陥穽に陥ることがあり得る教材でもある。

　半具体物を用いた活動も取り入れながら、同数累加および前の積に被乗数を足して次の積を求める方法の２つを使って、２、５、３、４の段の九九の学習が終わったところで、完成途上のかけ算九九表を調べ、表からきまりを見つけ出す学習活動を行う。すると、$2×3＝3×2$などの交換法則、$5×6＝(2＋3)×6＝2×6＋3×6$などの分配法則、分かりにくいが$4×7＝2×2×7$などの結合法則が成り立つ部分を発見できる。

　次にこれらの性質を活用して、６、７、８、９、１の段の九九を構成する。このように、かけ算九九前段の学習で見つけ、話し合ってまとめた知識をかけ算九九後段の学習に活用する体験をさせることにより、知識・技能の習得は、新しい見方や考え方を生み、新しい見方や考え方は、次の学習に生かされるという認識を広げていく。「習得する学び」を活性化する例である。

　６の段での学習例と留意点をあげる。例①；$6×4＝4×6$　　　　交換法則
例②；$6×3＝(4＋2)×3＝4×3＋2×3$　　　　　　　　　　分配法則
例③；$6×5＝3×5＋3×5＝(3×5)×2＝2×3×5$　　　結合法則
留意点；２桁×１桁の計算になる場合は、加法に帰着させて積を求めるとともに、具体物や図を用いて数量の関係を見えるようにしてやる。

2　算数科における活用

(1) 思考力を伸ばす「活用の学び」サイクル

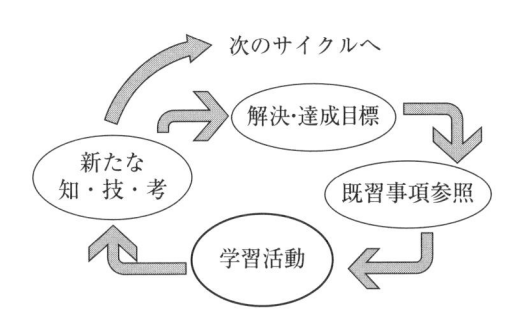

[図：次のサイクルへ → 解決・達成目標 → 既習事項参照 → 学習活動 → 新たな知・技・考 →（循環）]

　算数科本来の学び方を図示したものである。解決する，あるいは達成する目標を設定し，そのために必要な既習事項を参照し，学習活動を展開していく。前項で述べたように，知識・技能，思考力・判断力・表現力を駆使した学習活動を通し，新たな知識・技能，数学的な考え方を獲得する。それをまた次の追究サイクルで既習事項として生かし，自らの力で算数の学びを広げていく。こうした「活用の学び」の連続こそが，児童たちの追究意欲や思考力・判断力・表現力を高め，算数の学び方そのものを根付かせていくのだと考える。

　ここで注意しなければならないのは，活用の学びを進めていくと，既習事項だけでは解決できない場面に遭遇することがあることである。特に用語については注意しておきたい。児童たちが蓄積している既習事項をもとに，できるだけ児童たち自身に追究させるとともに，教師が児童たちに教えなければならない情報は，ていねいに提示してやる必要がある。また，既習事項を分かりやすくまとめたノート作りの指導や学習物・掲示物の整備も大切である。

　上の図のサイクルは，1周して完結するのではなく，スパイラル状に次のサイクルへと無限につながっていく。算数が系統的な教科であるといわれ，今回の改訂で「スパイラル」が強調された所以である。教師は，この学習はどこにルーツがあり，どのように発展していくか理解し，児童たちの学びを適切に導いていかねばならない。不断の教材研究が求められる。

　評価についてもふれておきたい。活用の学びの中で働く思考力・判断力・表現力そのものの把握は困難である。それらが発現した結果としての言葉やなされた作業を通して把握できるのである。だから評価の観点は「数学的な考え方」となっているのである。心しておきたい点である。

(2)「活用の学び」の実例
実践例；6学年「円の面積」

　誰でも「円の面積は半径×半径×円周率で計算できる」と言えるに違いない。そのくらい有名な公式である。しかし、各種の学力調査では半径と直径を入れかえただけで、正答率が急激に下がるという結果が出ている。原因は次のような学習にある。長方形の求積公式と等積変形の考え方および円周率を既習事項として、円を細かな扇形に分割し長方形に等積変形し、できあがった長方形の縦・横を半径および(直径×円周率)の$\frac{1}{2}$＝(半径×円周率)に置き換え、求積公式を導く。その後は、様々な大きさの円の面積を求める練習をし、知識も技能も習得されたとするのが一般的な学習展開である。

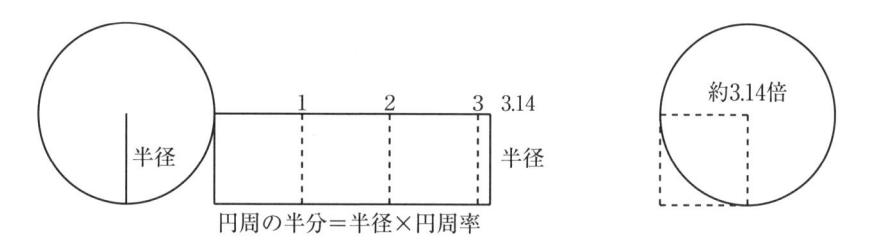

　5学年で学習した円周率が活用されていないのである。5学年では、円に外接する正方形の周りの長さと円に内接する正六角形の周りの長さとの比較から、どんな大きさの円でも半径の4倍＞円の長さ＞半径の3倍であると推論した後、測定を通して、円周の長さは直径の約3.14倍になっていることを帰納した。これが円周率である。5学年でも、円周「率」は割合であることの押さえがあまりされていないように思われる。

　本事例では、この割合が面積になっても保存されていることに気付かせることを意図した。すなわち、円周は直径の円周率倍⇨上図；円の面積は半径を一辺とする正方形の円周率倍であることに気付かせるのである。既習事項としての円周率をここまで活用すれば、5学年時にまでさかのぼって円周率と長さに関する理解が確実になり、円周率と体積の関係にも関心を広げていくものと考える。活用には習得の要素も、探究の要素も含まれる実例である。

　この指導のポイントは、既習事項を活用して面積の求め方を考え出すという課題の達成に主体的に取り組んでいる児童たちに、どんな場面で、どのように上図を提示するかという点である。十分に検討する必要がある。

3 算数科における探究

(1) 活用と探究を分けるもの

学習活動	知識・理解	技能	数学的な考え方	関心・意欲・態度(学び方)
習　得	◎おもなねらい		○視野に入れて	○活動の中で
活　用	○既習事項として		◎おもなねらい	○視野に入れて
探　究	○既習事項として		◎フルに働かせて	◎おもなねらい

　今まで述べてきた習得・活用・探究の学習活動について，算数科の評価観点からどこに力点があるかまとめた。こうしてみると，活用と探究にはほとんど違いがないことが分かる。算数が元々，数学的な思考力・表現力を高めることや学んで身に付けた算数（知識・技能・考え方）を生活や学習に活用することを重視した教科だからである。この既習事項を「活用」して新しい課題の解決に取り組む学び方は，「探究する学び」に極めて近いといえるだろう。両者の違いはただ一つ，次に取り組む課題があらかじめカリキュラムに用意されたものか，児童が自ら見いだしたものかという点である。

　意欲を燃やして追究する授業場面で，児童たちは教師が想定していなかった高度な疑問に到達するときがある。例えば3学年の「あまりのあるわり算」で，なぜあまりは規則的に繰り返す数になるのか，などと口にする児童がいる。内容的には5学年の「剰余系」の問題であるが，3学年でも3学年なりに追究することは可能である。児童が感じた疑問を上手に問題にしてやり，既習事項を生かす活用的学習に乗せてやれば，そこから「探究的な学び」が生まれてくる。

　算数指導に熱心に取り組む教師の授業では，このような「脱線する」場面がよく見かけられる。私はこれこそ算数の「本線」だと思う。

　授業場面で，これは前に学習したあのことと関係があるのではないかと気付く児童もいる。この気付きも児童たち自ら問題を発見するきっかけになる。特に算数の各領域を横断するような気付きは，大切に扱いたい。

(2) 「探究する学び」の実例
実践例；6学年「数直線を使って今までの学習をまとめよう」

　4学年から6学年にわたって，小数・分数の乗除計算，割合，単位量当たりの大きさ，速さ，比例など，ともすれば具体的イメージを湧かせにくい教材が

並んでいる。どれも公式にあてはめた形式処理は簡単だが，その意味を説明することは難しい教材である。しかも，3領域にまたがる内容なので，教材間の関連についての学習はまず行われない状況にある。

そこで，これまでの学習を振り返り，疑問であったことや分かりにくかった点を洗い出す。その上で，数直線を使ってまとめられないか発問する。このような課題を児童自らが口にしたなら，当然その声を取り上げるのだが，声が出なければ教師が提示してやればよい。

数直線にまとめていくと，どの指導内容に関する問題でも，問題文中の数量の関係は，下の数直線で表すことができることに気付く。比例する数量の関係を扱ってきたのだから，当たり前といえば当たり前だが，児童たちにとっては実に不思議な感覚である。除法は除法，割合は割合，単位量当たりの大きさは単位量当たりの大きさ，…と思っていたのが，すべて同じ数直線で表せる関係だったからである。

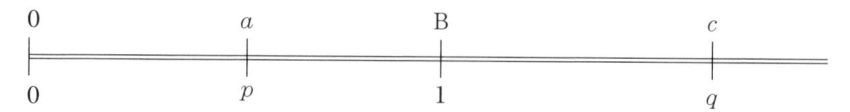

```
0         a          B          c
|─────────|──────────|──────────|─────
0         p          1          q
```

ここから，比例でない関係はあるのだろうかと疑問をもたらしめたものである。新たな課題発見，新たな「探究する学び」へのスタートである。

(3) 習得・活用・探究のバランスある指導を

習得のために反復練習をすることも必要である。しかし，知識基盤型社会を生き抜く児童たちが最も必要とするのは，考える力・学ぶ力（態度）である。この力を伸ばしていくために，算数科における活用を中心とした「習得～活用～探究」のバランスがとれた指導の在り方をさらに追究していきたい。

〈参考文献〉
文部科学省（2008）「小学校学習指導要領」「同解説　総則編・算数編・総合的な学習の時間編」
吉川成夫（2007）「知識や技能を習得し，活用，探究する算数科の学習指導の工夫」（『初等教育資料』6月号）東洋館出版社
小島宏（2008）『算数科の思考力・表現力・活用力』文溪堂
杉岡司馬（2002）『「学び方・考え方」をめざす算数指導』東洋館出版社

（松本　武志）

第3章 算数的活動と数学的な考え方（「思考・判断・表現」）

1 算数的活動の役割

　算数的活動という言葉は，平成10年告示の学習指導要領における算数科の目標の中で初めて使われた。平成20年告示の学習指導要領では「算数的活動を通して」という文言を目標のはじめに位置づけているが，この部分が目標の全体にかかるという基本的な構造については変わらない。

平成20年告示学習指導要領	平成10年告示学習指導要領
算数的活動を通して，数量や図形についての基礎的・基本的な知識及び技能を身に付け，日常の事象について見通しをもち筋道を立てて考え，表現する能力を育てるとともに，算数的活動の楽しさや数理的な処理のよさに気付き，進んで生活や学習に活用しようとする態度を育てる。	数量や図形についての**算数的活動を通して**，基礎的な知識と技能を身に付け，日常の事象について見通しをもち筋道を立てて考える能力を育てるとともに，活動の楽しさや数理的な処理のよさに気付き，進んで生活に生かそうとする態度を育てる。

　中央教育審議会答申（平成20年1月17日）で算数科，数学科の改善の基本方針が示されている。この中の5つ目に，算数的活動，数学的活動の一層の充実が述べられ，役割についてもふれている。

> 　算数的活動・数学的活動は，基礎的・基本的な知識・技能を確実に身に付けるとともに，数学的な思考力・表現力を高めたり，算数・数学を学ぶことの楽しさや意義を実感したりするために，重要な役割を果たすものである。算数的活動・数学的活動を生かした指導を一層充実し，（以下　略）

　算数的活動の役割は，児童自らが算数的活動に意欲的に取り組むことで，「基礎的・基本的な知識及び技能を確実に身に付けたり，数学的な思考力・判断力・表現力を高めたり，算数を学ぶことの楽しさや意義を実感したりすること」であるといえる。

小学校学習指導要領解説編(2008，文部科学省)の第１章３算数科改訂の要点では，「算数的活動とは，児童が目的意識をもって主体的に取り組む算数にかかわりのある様々な活動を意味している」としている。この文言は10年前に示されたものに「主体的に」という言葉が加わったものである。「目的意識をもって主体的に取り組む」ことについて，「新たな性質や考え方を見いだそうとしたり，具体的な課題を解決しようとしたりすることである」とし，「算数的活動を通して，数量や図形の意味を実感をもってとらえたり，思考力，判断力，表現力等を高めたりできるようにするとともに，算数を学ぶことの楽しさや意義を実感できるようにするためには，児童が目的意識をもって主体的に取り組む活動となるように指導する必要がある。その意味で，例えば，教師の説明を一方的に聞くだけの学習や，単なる計算練習を行うだけの学習は，算数的活動には含まれない」としている。

　小学校学習指導要領解説算数編(平成11年５月　文部省)の第４章「指導計画の作成と各学年にわたる内容の取扱い」では，算数的活動の意義を次のように述べている。

- 算数の授業を児童の活動を中心とした主体的なものとする。
- 算数の授業を児童にとって楽しいものとする。
- 算数の授業を児童にとって分かりやすいものとする。
- 算数の授業を児童にとって感動あるものとする。
- 算数を日常生活や自然現象と結び付いたものとする。
- 算数の授業を創造的，発展的なものとする。
- 算数と他教科等を関連させる活動を構想しやすいものとする。

　また，第２章「算数科の目標及び内容」の中では，「算数的活動を積極的に取り入れることによって，算数の授業は，教師の説明が中心であるものから，児童の主体的な活動が中心となるものへと転換していくであろう。また，分かりやすい学習となったり，実生活での活動と算数との関連が明らかになったりするとともに，算数の楽しさやよさが感じられ，感動ある学習ともなっていくであろう」ことが述べられている。

２　算数的活動の類型

　算数的活動が初めて取り入れられた「小学校学習指導要領解説算数編」(平

成11年　文部省)の第2章「算数科の目標」(1)において，次のように述べている。
　算数的活動は「児童が目的意識をもって取り組む算数にかかわりのある様々な活動を意味しており，作業的・体験的な活動など手や身体を使った外的な活動を主とするものがある。また，活動の意味を広くとらえれば，思考活動などの内的な活動を主とするものも含まれる」とし，8つの例が示された。
- 作業的な活動：手や身体などを使って，ものを作るなどの活動
- 体験的な活動：教室の内外において，各自が実際に行ったり確かめたりする活動
- 具体物を用いた活動：身の回りにある具体物を用いた活動
- 調査的な活動：実態や数量などを調査する活動
- 探究的な活動：概念，性質や解決方法などを見つけたり，つくり出したりする活動
- 発展的な活動：学習したことを発展的に考える活動
- 応用的な活動：学習したことを様々な場面に応用する活動
- 総合的な活動：算数のいろいろな知識，あるいは算数や様々な学習で得た知識などを総合的に用いる活動

そして，さらに次のように述べられている。
　「これまでの算数的活動の中には，具体物を用いて操作するなどの活動のように，これまでの算数の授業において比較的よく用いられてきたものもある。他方では，教室外での体験的な活動などのように，十分には行われていないものもある。今後は，上記のような算数的活動を積極的に取り入れることによって，算数の授業を改善していくことが求められる。」
　小学校学習指導要領解説編(2008，文部科学省)の第1章3算数科改訂の要点で，「算数的活動には，様々な活動が含まれ得るものであり，作業的・体験的な活動など身体を使ったり，具体物を用いたりする活動を主とするものがあげられることが多いが，そうした活動に限られるものではない。算数に関する課題について考えたり，算数の知識をもとに発展的・応用的に考えたりする活動や，考えたことなどを表現したり，説明したりする活動は，具体物などを用いた活動でないとしても算数的活動に含まれる」と説明している。
　今回の改定では，授業における算数的活動の在り方を明確にし，算数的活動の一層の充実を図るために，各学年の内容において代表的な活動として考えら

れる算数的活動の例を具体的に示している。各学年の〔算数的活動〕では，はじめに次のように述べている。

> (1) 内容の「A数と計算」，「B量と測定」，「C図形」及び「D数量関係」に示す事項については，例えば，次のような算数的活動を通して指導するものとする。

第1学年から第6学年における算数的活動の概略を示すと次のようになる。
(小学校学習指導要領解説編(2008，文部科学省)の第1章3算数科改訂の要点(2)各学年の目標及び内容②算数的活動から抜粋)

第1学年
　ア　具体物を数える活動
　イ　計算の意味や仕方を表す活動
　ウ　量の大きさを比べる活動
　エ　形を見付けたり，作ったりする活動
　オ　場面を式に表す活動

第2学年
　ア　整数が使われている場面を見付ける活動
　イ　乗法九九表からきまりを見付ける活動
　ウ　量の大きさの見当を付ける活動
　エ　図形をかいたり，作ったり，敷き詰めたりする活動
　オ　図や式に表し説明する活動

第3学年
　ア　計算の仕方を考え説明する活動
　イ　小数や分数の大きさを比べる活動
　ウ　単位の関係を調べる活動
　エ　正三角形などを作図する活動
　オ　資料を分類整理し表を用いて表す活動

第4学年
　ア　計算の結果の見積りをし判断する活動
　イ　面積の求め方を考え説明する活動
　ウ　面積を実測する活動
　エ　平行四辺形などを敷き詰め，図形の性質を調べる活動

オ　身の回りの数量の関係を調べる活動

第5学年
　ア　計算の仕方を考え説明する活動
　イ　面積の求め方を考え説明する活動
　ウ　合同な図形をかいたり，作ったりする活動
　エ　図形の性質を帰納的に考え説明したり，演繹的に考え説明したりする活動
　オ　目的に応じて表やグラフを選び活用する活動

第6学年
　ア　計算の仕方を考え説明する活動
　イ　単位の関係を調べる活動
　ウ　縮図や拡大図，対称な図形を見付ける活動
　エ　比例の関係を用いて問題を解決する活動

　例示にあたっては，各学年で代表的な活動と考えられるものをあげたこと，ここで示した内容をその通りに行うこともあるし，また類似した活動を設定して指導に取り入れることもあること，ここで示されていない算数的活動についても各学校や教師が工夫をして，授業の中に取り入れていくようにする必要があることなどが述べられている。

　〔算数的活動〕に示されている29項目について，その語尾に着目すると次のようなものに集約できる。もちろんこれがすべてではないが，これらは算数的活動の特徴を示していると考えられる。

　「表す，比べる，作る，見付ける，見当を付ける，かく，敷き詰める，説明する，調べる，作図する，判断する，実測する，活用する，解決する」

3　算数的活動と言語活動の充実

　中央教育審議会の答申(平成20年1月17日)で，言語活動の充実が今回の学習指導要領改訂の柱になっていることが明記されている。「各教科等における言語活動の充実は，今回の学習指導要領の改訂において各教科等を貫く重要な改善の視点である。」

　言語活動の充実は，言語活動を取り入れればよいのではない。言語活動を取り入れることが，他ならぬ思考力・判断力・表現力等の育成に結びついている

ことが重要となる。答申では，思考力・判断力・表現力等を育成する学習活動の基盤となるものを「数式などを含む広い意味での言語」ととらえ，この「言語の能力」を高めることが，思考力・判断力・表現力等を効果的に高めることになるととらえている。つまり，思考力・判断力・表現力を育成するための言語能力の育成において，言語活動を導入し充実させることが効果的な方法だと位置づけている。

さて，上記の内容を踏まえ，算数科，数学科の改善の基本方針が示されたが，3項目目で，数学的な思考力・表現力の育成についてふれている。

> ○数学的な思考力・表現力は，合理的，論理的に考えを進めるとともに，互いの知的なコミュニケーションを図るために重要な役割を果たすものである。このため，数学的な思考力・表現力を育成するための指導内容や活動を具体的に示すようにする。特に，根拠を明らかにし筋道を立てて体系的に考えることや，言葉や数，式，図，表，グラフなどの相互の関連を理解し，それらを適切に用いて問題を解決したり，自分の考えを分かりやすく説明したり，互いに自分の考えを表現し伝え合ったりすることなどの指導を充実する。

算数の学習では，日常の言語をはじめ，数，式，図，表，グラフなど様々な表現の手段がある。そうした方法を用いて考えたり，自分の考えを説明・表現したりする学習活動を充実させることがますます大切になる。これは，算数科における言語活動の充実，算数的活動の充実そのものを意味している。思考力・判断力・表現力の育成という目標に向かって，算数的活動の充実と言語活動の充実は表裏一体の関係にあり，互いに不可欠な存在であるといえる。

4 算数的活動の効果的な活用

算数的活動を積極的に取り入れることによって，
- 算数の授業が，教師の説明が中心であるものから，児童の主体的な活動が中心となるものへ転換することができる。
- 分かりやすい学習となったり，実生活での活動と算数との関連が明らかになったりする。
- 算数の楽しさやよさが感じられ，感動ある学習ともなっていく。

などの効果が考えられる。そこからは，算数の授業を転換したいという願いが感じられる。

算数的活動を効果あるものとするために，教材や学習場面の工夫と開発にあたっての着眼点として，当時文部科学省教科調査官だった吉川成夫は次の6つをあげている(2002)。

(1) **算数として価値のあるもの**
　算数の教材・場面としての必要な条件は，教材そのものの中に，または教材を用いた活動の中に，算数としての豊かで本質的な価値が含まれていることである。例えば，児童にとって新しい数学的な考えが生み出されるような教材・場面があげられる。

(2) **児童が数学的に考えたり，工夫したりできるもの**
　児童が自らの算数的活動を通して，算数の課題を見つけたり，算数の知識や技能，考え方などを身に付けたりできるような教材・場面が求められる。例えば，自分で新しい方法（計算の仕方など）をつくっていける教材，また，自分で選択したり，判断したりできる教材・場面があげられる。

(3) **数学的な多様性のあるもの**
　児童一人一人の多様な考え方に対応するなど，数学的な多様性のある教材・場面が求められる。例えば，児童たちが自分たちの考え，方法などを比較することができるなど，互いに学び合えるような教材・場面があげられる。

(4) **算数のおもしろさ，充実感が味わえるもの**
　算数を学ぶ本当のおもしろさや楽しさが味わえたり，充実感が感じられたりする教材・場面が求められる。例えば，適度の困難さをもちながら，なおかつ児童のやってみたいという意欲を高めるような教材・場面があげられる。

(5) **教室の内外で，ダイナミックに活動できるもの**
　算数的な活動のよさを生かし，教室の内外で自らの身体を使って作業したり，体験したりできる教材・場面が求められる。例えば，児童が自分たちで数量や図形について実際に調べたり，探したり，確かめたりできる教材・場面があげられる。

(6) **個に応じた学習活動ができるもの**
　児童が，自らの関心や興味に応じて選択したり，習熟の程度などに応じて選択したりできる教材・場面が求められる。例えば，問題の場面を複数用意したり，計算の習熟に応じて適切な繰り返し練習ができるようにしたりする工夫があげられる。

前記の内容を受け，さらに児童の発達段階から算数的活動を効果的に活用することを考え，具体例を提案することにする。

[低学年の児童]
　低学年の児童の特徴を考えると，指先や手の感触を楽しみ，体全体を動かしながら様々な内容を吸収しているといえる。抽象的なイメージだけで思考を進めるには無理があり，身近な体験や実際に行った活動からイメージをもちやすい。また，ゲームや遊びを通しながら，様々なことを吸収する時期ともいえる。こうした特徴を生かすことが大切となる。
○児童自らが，調べたり確かめたりできるようにする例（1年）
　　7＋6の計算の仕方を考えるとき，おはじきやその他の具体物を使い，10のかたまりをつくっていく。7の補数を考え，6を3と3に分ける。

　　　　　｜○○○○○○○　←　○○○｜○○○

　あるいは，6の補数を考え7を3と4に分ける。

　　　　○○○｜○○○○　→　○○○○○○｜

　または，7を2と5に分け，6を5と1に分ける。そして，5のかたまり2つで10をつくるといったことを考える。

　　　　　○○｜○○○○○　　○○○○○｜○

　こうした考えの発表には，実際におはじきなどを動かしている過程を実物投影機で映し出すことや，磁石黒板の活用，あるいは，色画用紙で児童が見やすい大きさのおはじきを作って掲示したり，かいたりする工夫が考えられる。
○教室外で活動する例（2年）
　「1mの長さを見つけよう」という活動では，実際にものさしや1mに切ったひもを持って教室を飛び出し，いろいろな物の長さを測ってみることにする。児童は，1mの長さの見当をつけながら両腕を開いたり，ものさしやひもを当てたりしながら測定活動を始める。なかには，足から顎のあたりまでが1mであることを事前に確かめておき，体そのものをものさしに見立てて測定する児童もいる。測定後，報告会をし，今度はみんなで見つけた1mを確かめに行くという活動を取り入れる。児童は実際に測ることを通して，次第に1mの量感をつかんでいく。また，教室の外にも算数があるといったイメージをもつことにもなる。

[中学年の児童]
　中学年の児童は、低学年に比べると仲間意識が出て、活動の範囲も広がり、競争心も旺盛になる。また、活動を通して思考を進めやすくなる。さらに、友だちの考えにも耳を傾けるようになり、これまでよりも論理的にものごとを考えることができるようになる。
○児童の競争心を取り入れた例（3年）
　　短い時間の秒を測るのに、紙飛行機を作り、誰がいちばん長い時間飛ばすことができるか、誰がいちばん遠い所まで飛ばせるか、一人のときは前よりも上手に飛ばすことができるようになったかなどが課題となる。このとき、何を課題とするとねらいに即したものになるか、どんな方法で競争するのかについて考えさせる。
○調べる活動を取り入れた例（4年）
　　「体の不思議を調べよう」というテーマで、1時間ごとに体温を測り、折れ線グラフに表した。1時間ごとに体温が変わると予想した児童は少なく、結果を知って驚いた。運動の前後、入浴の前後などではどうだろうかと考える児童も出てきた。そして、脈拍、呼吸数、身長や体重の変化についても調べようと発展していった。児童は、体の不思議を実際に調べることにより、驚いたり、感動したり、疑問をもったりしていった。

[高学年の児童]
　高学年になるにしたがい、作業的・体験的な活動など手や身体を使った外的な活動から、思考活動などの内的な活動に比重が置かれてくる。このため、教科書とノート、ときにはワークシートに頼った授業が増え、算数は机の上でという意識がもたれがちになる。また、教師が問題を提示し、それを解決するという展開が多く、算数の問題は、授業の最初に教師から与えられるものという意識になりやすい。
○論理的に思考を進める例（5年）
　　五角形の内角の和を考える場合、三角形の内角の和が180度であることに基づいて解決を図ろうと、いろいろな分割の仕方が出される。これらを比べてみると、五角形の内角の和が180×（5－2）となる理由が見えてくる。同時に、論理的に考える楽しさを味わうこともできる。

○教室外で活動する例（6年）

　速さの学習をする。児童は意外に速さについての感覚がない。そこで，自分の歩く速さを調べてみる活動を行う。距離を決めて，かかる時間から速さを求める児童。時間を決めて，その時間に歩いた距離から速さを求める児童。また，ここでは，何度か試してみて平均をとるといったアイディアも生まれてくる。自分の歩く速さをものさしとし，身近な所までの道のりを調べたり，そこまでかかる時間を計算したりする姿も見られる。このような活動を通して，速さを実感させていく。

　以上，今後ますます，算数的活動を積極的に取り入れることで授業観の転換を図っていくことが望まれる。

〈引用・参考文献〉

中央教育審議会初等中等教育分科会教育課程部会（2008）「幼稚園，小学校，中学校，高等学校及び特別支援学校の学習指導要領等の改善について」

文部科学省（2008）『小学校学習指導要領解説　算数編』東洋館出版社

文部省（1999）『小学校学習指導要領解説　算数編』東洋館出版社

吉川成夫編著（2002）『小学校算数科　基礎・基本と学習指導の実際―計画・実践・評価のポイント―』東洋館出版社

小西豊文，神田裕史（2010）『イラスト解説　今日からできる！算数的活動の実践モデル　中学年編』明治図書

吉田裕久（2009）「思考力・判断力・表現力等をはぐくむ言語活動の在り方」（『初等教育資料』8月号）東洋館出版社

（菅野　宏隆）

第4章　数学的な考え方と問題解決学習

1　問題解決学習の必要性

(1)　生涯学習社会と問題解決

　1965年(昭和40年)にユネスコの成人教育の委員会において，フランスのポール・ラングランによって提唱された「生涯教育」(life-long education) の考え方は，その後，新しい教育理念として，急速に全世界に受け入れられていった。ラングランは，人間が生きることは挑戦の連続であるととらえ，新しい挑戦の内容として，社会の変化の加速，人口の増大，科学的知識および技術体系の進歩，情報の増大等数項目をあげている[*1]。この理念に基づいて，ユネスコは，1972年に，未来社会を「学習社会」ととらえる報告書を提出し，その中で，「人間は生存を続け，また，進化していくために，間断なく学習していかざるを得ないのである」と述べている[*2]。

　ここに紹介した生涯学習の考え方は，本稿で取り上げている問題解決の必要性の原点であると考えられる。すなわち，人が生きていくということは，人生において遭遇する様々な問題に挑戦していく活動の連続である。そのためには，それらの問題を認識し，解決の方法を考え，果敢にその解決に取り組んで，自分自身を育てていくことが大切であって，それは，問題解決の過程そのものであると考えられるからである。

(2)　「生きる力」と問題解決

　生涯学習の理念は，我が国の教育施策にも色濃く反映されてきている。昭和51年教育課程審議会答申「ゆとりと充実」の基本方針である「自ら考え正しく判断すること」，昭和56年中央教育審議会答申「生涯学習について」の「学ぶ意欲」を経て，昭和58年教育内容等小委員会の審議経過報告では，「学ぶ意欲」，「学習の仕方の習得」，「生き方の探究」を骨子とした「自己教育力」の育成が提案された。

　平成23年度に完全実施となった新しい教育課程では，これまでの教育課程の

基本理念とされてきた「生きる力」の育成が変わらぬ理念であるとしている。この「生きる力」については，平成8年の中央教育審議会「21世紀を展望した我が国の教育の在り方について」の第一次答申で，「これからの子供たちに必要となるのは，いかに社会が変化しようと，自分で課題を見つけ，自ら学び，自ら考え，主体的に判断し，行動し，よりよく問題を解決する資質や能力であり，また，自らを律しつつ，他人とともに協調し，他人を思いやる心や感動する心など，豊かな人間性であると考えた。たくましく生きるための健康や体力が不可欠であることは言うまでもない。我々は，こうした資質や能力を，変化の激しいこれからの社会を［生きる力］と称することとし，これらをバランスよくはぐくんでいくことが重要であると考えた」としている。

前段の部分のキーワードは，①自分で課題を見つけること　②自ら学び自ら考えること　③よりよく問題を解決すること　であり，問題解決が現在の教育の中心的な課題であることが浮き彫りになってくる。

(3) 算数科の学習と問題解決

平成20年3月に告示された学習指導要領では，算数科の目標は「算数的活動を通して，数量や図形についての基礎的・基本的な知識及び技能を身に付け，日常の事象について見通しをもち筋道を立てて考え，表現する能力を育てるとともに，算数的活動の楽しさや数理的な処理のよさに気付き，進んで生活や学習に活用しようとする態度を育てる」とされた。

この目標の「日常の事象について」，「進んで生活や学習に活用する」という文言から，算数科では，児童の家庭や学校での生活，地域社会での生活，将来の社会生活，あるいは，他教科等の学習はもとより，算数の学習等，広く日常の生活にかかわる事象の中から，算数を活用して解決することができる課題を見つけることを指向していることが読み取れる。

また，学習指導要領改訂の一つの柱となっている「算数的活動」については，小学校学習指導要領解説・算数編で，「算数的活動とは，児童が目的意識をもって主体的に取り組む算数にかかわりのある様々な活動を意味している」と説明しており，さらに，「見通しをもち筋道を立てて考え，表現する能力を育てる」，「進んで生活や学習に活用しようとする態度を育てる」などと併せて考えると，前項で述べた「生きる力」の第2項「自ら学び自ら考えること」についての算数科としての方針を示していると読み取れる。

「生きる力」の3つ目のキーワードである「よりよく問題を解決すること」については，目標の「数量や図形についての基礎的・基本的な知識及び技能を身に付ける」について，「児童が新しく身に付ける知識及び技能は，児童がそれまでに身に付けてきた知識及び技能を基にして作り上げていくことが多いという点にも留意する必要がある。ここでいう知識及び技能を『身に付ける』とは，数量や図形の意味をとらえ，納得できるようにすることであり，また，生活や学習の場面で目的に応じて適切に使っていけるように身に付けることである」と解説しており，目標後半の「算数的活動の楽しさや数理的な処理のよさに気付き，進んで生活や学習に活用しようとする態度を育てる」と併せてとらえると，与えられた問題を解決することだけでなく，問題解決を通して習得した知識や技能，考え方などの有用性を感得し，積極的に活用できるようにすることを重視していることがうかがえる。

以上のように，算数科の目標と「生きる力」との関連をとらえてみると，問題解決の能力を育てることが算数科のねらいであると言っても過言でないほど，問題解決の能力を育てることは，算数教育にとって重要な事柄であると考えられるのである。

一方，問題解決については，1980年(昭和55年)，NCTM (National Council of Teachers of Mathematics) が Agenda for Action で「1980年代の学校数学への勧告」を出し，8項目の勧告の第一に「問題解決は1980年代の学校数学の焦点であるべきだ（Problem Solving must be the Focus of School Mathematics in the 1980s.)」[*3]と述べている。そして，この勧告が我が国の算数教育の動向にも大きな影響を与えてきている。

この勧告の問題解決にかかわる項目の中では，「数学のプログラムは，数学の応用，場面に応じた方略（ストラテジー）の選択と適用の技量を学生に与えるべきである」とし，学生が学ぶべきこととして，「キーとなる問いを明確にすること」，「問題の分析と概念化，問いとゴールを定めること」，「パターンと類似点の発見」，「適切なデータを探すこと」，「実験（試行）」，「新たな場面に対応するスキルとストラテジーを転用すること」，「数学を適用する背景となる知識を引き寄せること」が示されている。これらの項目は，問題解決の過程で，どのような数学的な考え方をはたらかせるかということをとらえるにあたって，大きな示唆を与えるものである。

2　問題解決学習の基本形

(1)　問題解決学習の基本形

　問題解決の過程については，多くの学者が様々な説を発表している。その代表的なものとして，G. ポリアが『いかにして問題をとくか』(How to Solve It)*4 であげている問題解決の過程がある。ポリアは，問題解決の過程として，次のような4つの段階をあげ，具体的な内容を質問の形で示している。

①問題を理解すること
　◇未知のものは何か，与えられているもの（データ）は何か，条件は何か
　◇条件は未知のものを定めるのに十分であるか，または余剰であるか
　◇図をかけ，適当な記号を導入せよ　など
②計画を立てること
　◇前にそれを見たことがないか
　◇似た問題を知っているか，役に立つ定理を知っているか
　◇似た問題で既に解いたことのある問題を使うことができないか
　◇解けなかったならば，関連した問題を解こうとせよ　など
③計画を実行すること
　◇計画を実行するときに，各段階を検討せよ，その段階が正しいことをはっきり認められるか　など
④振り返ってみること
　◇結果をためすことができるか
　◇結果をちがった仕方で導くことができるか，それを一目のうちにとらえることができるか
　◇他の問題にその結果や方法を応用することができるか　など

　現在，多くの学校で行われている算数科の授業は，ポリアの示した問題解決の過程にほぼ近い形で実践されている。研究授業の指導案を見ると，1)問題の把握　2)見通し　3)自力解決　4)検討・討議　5)振り返り・まとめというような学習過程を設定していることが多い。この学習過程では，4)と5)がポリアの④の段階にあたると考えられるが，新学習指導要領で表現力が強調されたこともあって，最近の算数科の授業では，特に，4)の段階で，少人数のグループで話し合うことを取り入れるなど，発表や討議の段階の指導に様々な工夫がされ

るようになってきている。このことを踏まえて，本稿では，この5段階の過程を問題解決学習の基本形として，具体的な指導の在り方について，第3学年の「あまりのあるわり算」の指導の場面を例に述べていくことにする。

(2) 問題の把握

　これまで述べてきたように，問題解決の活動は，問題を把握することが出発点であり，本稿のテーマである「数学的な考え方」の始まりでもある。問題を把握するためには，次のような点に留意した指導が必要である。

①求答事項を明確にする
　・問題文の「聞いていること」に印をつける
　・どのような答えになるか，答えの欄に答え方をあらかじめ書いておく

②問題の条件をとらえる
　・問題文の「分かっていること」に印をつける

③　問題文を箇条書きにする

④　問題文の数量の関係を具体物の操作や図や表などで表現する

　「あまりのあるわり算」では，まず，次のような問題文を読み，りんごの袋が「何ふくろできるか」（＿＿の部分）が求答事項であり，「りんごが17こある」「1ふくろに5こずつ入れる」（＿＿の部分）が条件であることを明確にする。それと同時に，「＿＿ふくろ」という答え方をすることも分かるので，答えの欄に「答え　　ふくろ」と書いておくと，最終的に答えの書き忘れや単位の誤りなどが起こりにくくなる。

> りんごが17こあります。
> 1ふくろに5こずつ入れると，何ふくろできるでしょうか。

　問題文が複雑な場合は，問題文を箇条書きで表し直すと，求答事項や問題の条件がより明確にとらえられるようになる。

| ①　りんごが17こある |
| ②　1ふくろに5こずつ入れる |
| ③　何ふくろできるか |

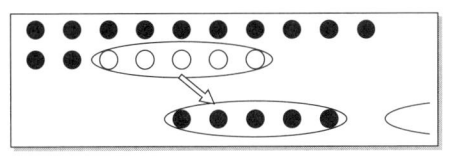

　また，問題文に合わせて具体物を操作したり，問題文に合うような図をかいたりすることによって，数量の関係が明確にとらえられるようになる。

この段階では，自ら進んで自己の問題や目的・内容を明確に把握しようとする態度，条件の明確化や具体化にかかわって，数量化，図形化，記号化，抽象化などの数学的な考え方がはたらくことになる。

(3) 見通し

　見通しの段階は，既習事項を想起し関連付ける段階である。そのためには，次のような点に留意した指導が大切である。

①既習の似た問題を思い出し，どこが似ているか，どこが違っているかをとらえる。

②既習の似た問題を解決した際に用いた考え方や方法はどのようなことで，それらが当該の問題の解決に使えないかと考える。

  ・ノートや教科書，教室掲示などに記されていることを活用する。
  ・解決のための「作戦」を立てる。

③答えがどれくらいになるか見積もる。

  ・見積もりの仕方を振り返って，立式や解決方法の参考にする。

④立式する。

  ・問題文のキーワードや図などを根拠にして立式し，その理由を説明する。

　「あまりのあるわり算」の学習の場面では，例えば，「りんごの数が20個の場合なら，20÷5というわり算の式が立てられ，答えは5の段の九九を使って，20÷5＝4と，簡単に答えが求められる」というように，直近の既習事項であるわりきれる場合のわり算の学習を想起して，かけ算九九を用いて解決できることを思い出す。また，りんごの数が20個の場合のような既習のわり算と関連付け，比較することを通して，「今回の問題は，17個のりんごを5個ずつ袋に入れるので，5の段の九九でぴったりの答えを見つけることができず，あまりが出てしまう」，また，「りんごが5個ずつ入った袋は3袋できるが，あまりがあるので，答えを『3袋』としてよいのかどうか分からない」，「20÷5のときは，20÷5＝4という式に表したが，17÷5の式の表し方は，答えの部分をどう表してよいのか分からない。そもそも，この場合もわり算の式でよいのだろうか」などという葛藤が生まれる。

　さらに，既習のわりきれる場合のわり算と関連付けることによって，「りんごが15個の場合なら15÷5＝3で，答えは3袋，20個の場合なら20÷5＝4で，答えは4袋。りんごが17個なので，5個入りの袋が3袋はできるが，4袋はで

きない」などと，答えの見積もりをすることもできる。

　この例のように，似た既習事項を想起し，関連付けることによって，解決すべき課題が浮き彫りになってくる。本事例の場合は，同じ数ずつに分けていってあまりがある場合，その式や答えはどうなるか，どのように表したらよいか，どのように計算したらよいかということが課題であることが明確になる。

　この段階では，概括的把握の考え，類推的な考え方などの数学的な考え方がはたらいている。

(4) **自力解決**

　自力解決の段階は，既習事項を根拠として，筋道立てて考え，問題の解決を実行する段階である。似た既習事項の解決の方法から類推的に考えたり，既習事項を用いて演繹的に考えたりするほか，観察や操作等を通して帰納的に考えたり，図や式の意味を読み取って(式についての考え)形式的に処理したり(アルゴリズムの考え)するなど，様々な数学的な考え方をはたらかせる場面である。この段階では，次のような点に留意した指導が必要である。

①関連する既習事項（知識・技能，考え方）を使って考える。
　・解決の手順をメモするなど，振り返りができるように表現する。
②解決が正しいかどうか振り返り，吟味する。
　・図や式などに表して，それらを用いて検証する。
③解決の手順を分かりやすく整理して表す。
　・箇条書きにするなど，考えの筋道を分かりやすく整理する。
④自分の考えを友だちに納得してもらえるよう，表現を工夫する。
　・算数の表現方法として大切な図や式，表，グラフなどを適切に用いる。

　「あまりのあるわり算」の学習の場面では，「図を使うと，答えは3袋で，2個あまることははっきりしている」，「りんごの数が15個や20個の場合の式はわり算になり，あまりがあるような数になっても，問題は同じ問題文なので，わり算の式になる」，「$20 \div 5$のときは，5の段の九九で答えを見つけたのだから，$17 \div 5$も5の段の九九で答えを見つけると，$5 \times 1 = 5$，$5 \times 2 = 10$，$5 \times 3 = 15$，$5 \times 4 = 20$で，5×4

のときに17より大きくなってしまうので，答えが3袋ということが分かる」，「5×3は17にはならないので，17÷5＝3とするのはおかしい。あまりが2あることも答えに表した方がよい」などと考えていくことになる。

(5) 検討・討議

　この段階は，友だちが図や式で表現したことの意味を読み取ったり，考えの異同をとらえたり，よい考え方・方法（いつでも・速い・簡単・正確）を見つけたりする活動が行われる。この段階では，次のような点がポイントである。

①自分の考えを，図や式，言葉などを使って，分かりやすく説明する。

②友だちの考えを聞き取る・意味を読み取る。

　・図や操作，式などを読む。

③友だちの考えをノートにメモする。

④考えの異同をとらえ，分類整理する。

⑤どんなところがよいかを考える(相互評価)。

　・いつでも，は（速い）・か（簡単）・せ（正確）などを観点として，相互評価する。

　この段階では，よりよいものを求めようとする態度，式についての考え，集合の考え，一般化の考え，統合的な考えなどの数学的な考え方がはたらく。

　「あまりのあるわり算」では，前項の「自力解決」で紹介したような幾つかの考え方を，小グループや全体での話し合いの場で発表し合い，検討することになるだろう。そこでは，「（問題の文脈から考えて，）式は17÷5とすることがよいと思われる」，「問題の答えは3袋だが，2個あまる」，「（割り切れる場合と同じように）5の段の九九を使うと答えが見つけられるが，九九がぴったり一致しない」などは，共通に認められることであることが分かる。

(6) 振り返り・まとめ

　この段階では，1時間の学習成果を整理して，次の学習に使えるようにすることが大切である。そこで，次のような点に留意して指導する。

①ノートや板書を振り返って，自分なりの1時間の学習のまとめをする。

　・1時間の学習で分かったこと，大事だと思ったことをノートに書く。

②1時間の学習の成果をどのようにまとめたらよいか話し合う。

　・次の学習に生かせること，知っておいた方がよい知識や技能は何か。

　・教科書ではどのようにまとめているか（枠で囲むなどしている大切な言葉

や式はないか)。
③この学習をもとにすると次にどのようなことが考えられるか、あるいは、考えてみたいことはないか。

> ▶あまりのあるわり算
> このようにわり算の場面であまりがあるときには、式で次のように書きます。
> 　　17÷5＝3あまり2
> あまりのあるわり算の答えも、九九を使ってもとめられるね。
> けんじ
> 17÷5のように、あまりがあるときは「わりきれない」といいます。
> 20÷5のように、あまりがないときは「わりきれる」といいます。

　この段階では、一般化の考え方、統合的な考え方、発展的な考え方、式についての考えなどの数学的な考え方がはたらくことになる。また、次の学習の際の根拠となる基礎的・基本的な知識や技能を確認する活動としても重要な意味をもつことになる。

　「あまりのあるわり算」では、上図[*5]のように、本時の問題解決の活動を通して考えたり、話し合ってきたりしたことをもとにして、式や答えの求め方を整理したり、新たな知識を知ることがこの段階での活動となる。

3　問題解決学習と習得・活用・探究

　平成19年11月に中央教育審議会教育課程部会から出された審議のまとめ[*6]では、「基礎的・基本的な知識・技能の育成（いわゆる習得型の教育）と自ら学び自ら考える力の育成（いわゆる探究型の教育）とは、対立的あるいは二者択一的にとらえるべきものではなく、この両方を総合的に育成することが必要」であるとし、さらに、「各学校で子どもたちの思考力・判断力・表現力等を確実にはぐくむために、まず、各教科の指導の中で、基礎的・基本的な知識・技能の習得とともに、観察・実験やレポートの作成、論述といったそれぞれの教科の知識・技能を活用する学習活動を充実させることを重視する必要がある。各教科におけるこのような取組があってこそ総合的な学習の時間における教科等を横断した課題解決的な学習や探究的な活動も充実するし、各教科の知識・技能の確実な定着にも結び付く。このように、各教科での習得や活用と総合的な学習の時間を中心とした探究は、決して一つの方向で進むだけではなく、例えば、知識・技能の活用や探究がその習得を促進するなど、相互に関連し合って力を伸ばしていくものである」と述べている。

　ここでも、「生きる力」を育むという教育の基本方針、思考力・判断力・表現力の育成という教育目標にかかわる、これからの教育の推進課題が示されている。この中で留意しておかなければならないのは、習得・活用・探究という

3つのキーワードは,児童の学習活動がいつでもこの順序でなされるということを示しているわけではなく,それぞれが相互に関連し合って,総合的な学力(生きる力)を伸ばしていくものであるという発想である。これまで述べてきたように,問題解決学習は,問題を見いだし,既習事項をもとにして筋道立てて考え,解決の仕方を振り返って整理し,次に解決すべき問題を見つけていくという,まさに「自ら学び自ら考える」探究型の学習である。そのような学習を通して,思考力・判断力・表現力が育まれる。そして,基礎的・基本的な知識・技能も,活用できるよりよい形で習得される。

算数科の目標には「算数的活動の楽しさや数理的な処理のよさに気付き,進んで生活や学習に活用しようとする態度を育てる」というように,「活用」という文言が明示され,日常生活や他教科の学習,算数や数学の学習に,算数で学習した内容を活用することが謳われている。生活の中から算数を用いると手際よく解決できる問題を見いだし,算数を活用して問題を解決する活動を通して,基礎的・基本的事項を習得し,思考力・判断力・表現力を身に付け,それとともに算数の楽しさや有用性を感得することが,さらに探究していく意欲や態度を育むことにつながっていくのである。

〈注〉
＊1　ポール・ラングラン,波多野完治訳(1971)『生涯教育入門』全日本社会教育連合会
＊2　小橋佐知子(1991)「ユネスコの生涯教育理念」『新生涯教育読本』教育開発研究所
＊3　『1980年代の学校数学への勧告(An Agenda for Action　Recommendations for School Mathematics of the 1980s)』NCTM
＊4　G. Polya,柿内賢信訳(1954)『いかにして問題をとくか(How to Solve It)』丸善
＊5　『小学算数3年上』教育出版
＊6　中央教育審議会初等中等教育分科会教育課程部会(2007年11月)「教育課程部会におけるこれまでの審議のまとめ」

(廣田　敬一)

第5章　既習事項の活用

　数学的な考え方を育てるということと，既習事項(既に学習した知識・技能，考え方)を活用するということは深くかかわり，切っても切れない関係にある。

　算数の学習では，児童は，常に，今まで学習した既習事項・既有経験のいくつかをもとに考えを進め，問題を解決したり，新しい考えを生み出したりしている。これらの既習事項の活用のパターンとして，次のような場合が考えられる。

1　既習事項の活用のパターン

(1)　既習事項だけを組み合わせて再構成する場合

　既習事項の中から解決に必要な情報を選択し，それらを上手に組み合わせることにより，今までできそうにもなかったことが解決できる場合。

(例)　通分，分数の大小比較，同分母分数のたし算を用いて異分母分数のたし算の仕方を考える。

(2)　既習の考えを組み合わせて類推する場合

　ある問題を解決したときに用いた考え方が，新しい問題の解決にも用いることができるのではないかと考えることにより，その問題に含まれる本質的なことの発見につながる場合。

(例)　3＋4＝7，10を単位にして30＋40も3＋4で計算できる。
　　　0.3＋0.4は，0.1を単位にして3＋4で計算できる。

(3)　既習の考えをそのままあてはめて活用する場合

　既習の考えを，新しい問題にそのままあてはめていくと解決できる場合であり，一見異なると思われるものが，その仕組みに目を向けると同じと見なすことができ，解決に至る場合である。

(例)　複合図形の面積を，長方形に分解したり，大きな長方形から小さな長方形を取り去ったりして求めた既習事項（既有経験）を立体の複合図形の体積の求め方にそのままあてはめて解決する。

(4) 既習のきまりを活用して生みだす場合

既習の方法や考え方を活用することにより，手ぎわよくなる，より明確になる，より効率的になるという場合である。

(例) 4の段のかけ算で，4×7＝4×6＋4に気付き，きまりを学習した既習事項（既有経験）を活用して，6の段の九九を構成する。

(5) 既習事項を用いて手ぎわよく処理する場合

既習事項のいくつかのきまりを活用して手ぎわのよい計算処理の仕方を見いだす場合である。

(例) 200÷50のような0のあるわり算の計算の仕方を，2年で学習した数の相対的な大きさ（50は10が5個，200は10が20個）やこれ以前の4年で学習したわり算のきまり《(200÷50＝(200÷10)÷(50÷10)＝20÷5》をもとにして，200÷50の筆算を簡便にする。

(6) 既習事項に帰着させる場合

ある問題がそのままでは手がかりが得られないが，既習の方法や考え方にあてはまるように変えていくとうまくいき，それをさらに整理していくと結果的に新しいものが生まれるという場合である。

(例) 平行四辺形の面積の求め方を，既習の長方形の求め方に帰着させて考え出す。

(7) 成功体験を生かす場合

ある問題を解決するのに図をかいて考えたらうまくいった。それ以降，図にかくことや算数的活動をするようになった場合である。

(8) 問題解決の過程の体験を生かす場合

問題解決の過程が主体的に体験されていると，新しい問題に直面した場合でも問題把握（つかむ），計画（よそうする），計画の実行（しらべる），検討（たしかめる），まとまる（まとめる，あてはめる）のプロセスを踏んで解決しようとするようになる場合である。

2 既習事項を活用した問題の解決

(1) 5学年　異分母分数のたし算の仕方(既習事項を組み合わせて再構成する場合)

問　ジュースが$\frac{1}{3}$L入ったびんと$\frac{1}{2}$L入ったびんがあります。
　　ジュースは，全部で何Lあるでしょうか。

(1) 求める式を書きましょう。　$\frac{1}{3}+\frac{1}{2}$
(2) $\frac{1}{3}+\frac{1}{2}$の計算の仕方を考えましょう。

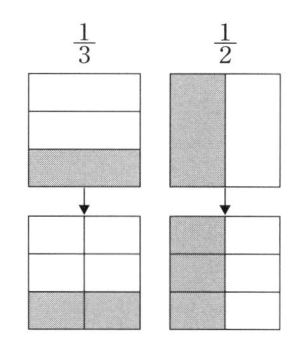

　　分母がちがうので，このままでは計算できません。
　　どんな分母の分数にして計算すればよいでしょう。
　　$\frac{1}{3}+\frac{1}{2}=\frac{2}{6}+\frac{3}{6}=\frac{5}{6}$　　答え　$\frac{5}{6}$ L

●分母のちがう分数どうしのたし算は，通分してから計算します。

① 既習事項について
  - 分数の初歩（2学年）
  - 分数の意味と表し方，簡単な分数の加・減（3学年）
  - 分数の計算《(同分母分数真分数，仮分数の加・減など)》（4学年）
  - 分数の約分，通分による相等関係，大小比較（5学年）

② 既習事項の活用について
  - 途中立式させることにより，既習の計算（今までの整数・小数・分数の計算方法）では，解決できないことに気付かせ，以前に学習した同分母分数の加法に直すために，分数の約分による相等関係，大小比較が活用される。

(2)　5学年　複合した立体の求積(既習の考えをそのままあてはめて活用する場合)

問　右の図のような立体の体積の求め方を考えましょう。

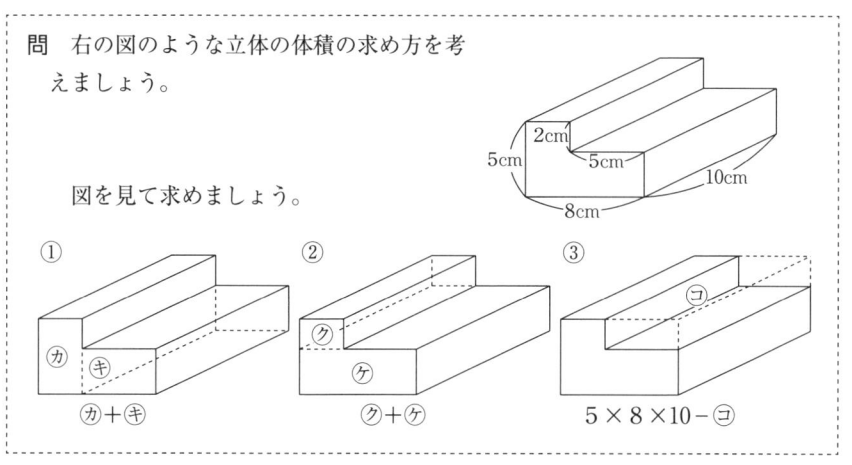

　　図を見て求めましょう。

① ㋕＋㋖
② ㋗＋㋘
③ $5×8×10-$ ㋙

41

①既習事項について
  - 体積について《体積の概念，体積の単位とその相互関係，直方体・立方体の体積の求め方と公式》（5学年）
  - 複合図形の考え方《複合図形の面積の求め方》（4学年）
②既習事項の活用について
  - この問題を解決するのに，2つの図形に分ける考え方と，もとの直方体から一部分を取り除く考え方がある。
  - 4年の複合図形の面積を求めるときの考え方や発想がそのまま活用できる。もっと複雑な複合図形の求積にも活用される。

(3) 5学年　平行四辺形の面積（既習事項に帰着させる場合）

> 問　右の図のような平行四辺形の面積の求め方を考えましょう。
>
> (1) 面積を変えないで長方形に直すことを工夫しましょう。
>   あ　　　　　　　　　　　　　　　い
>
> (2) あといでできた長方形の面積を計算してみましょう。
>   3　×　4　＝　12
>   （たて）×（よこ）＝（面積）
>
> ●平行四辺形の面積の求め方を公式にまとめましょう。
> (1) 上の平行四辺形の面積は，どこの長さで求めたのでしょう。
> ○平行四辺形では，1つの辺を底辺とするとき，底辺とそれに平行な辺との間に垂直にかいた直線の長さを高さといいます。
>
> 平行四辺形の面積＝底辺×高さ

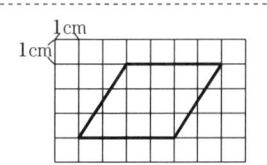

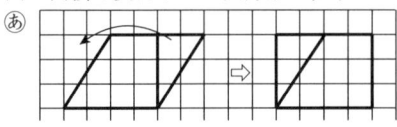

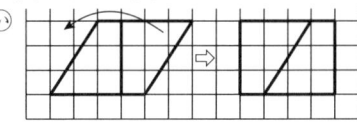

①既習事項について
  - 面積の概念と測定の素地（1学年），面積の概念（4学年）
  - 長方形，正方形の面積の求め方と公式（4学年）
②既習事項の活用
  - 平行四辺形を長方形に変形すればよいことに気付かせることが大切。

マス目を使ったり，紙を切ったり，平行四辺形の一部を移動させたりして算数的活動に主体的に取り組ませる。この後の三角形・台形・多角形・円の面積を求めるときに活用される学習である。

(4) 6学年　円の面積（既習事項に帰着させる場合）

問　円を16等分した形を組み合わせて平行四辺形やこれまで学習した形をつくり，円の面積を求める式を考えましょう。

(1) 16等分した円

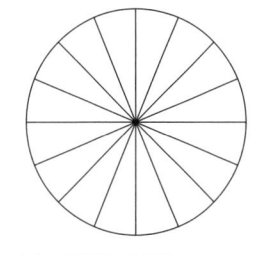

(2) 平行四辺形Ⅰ

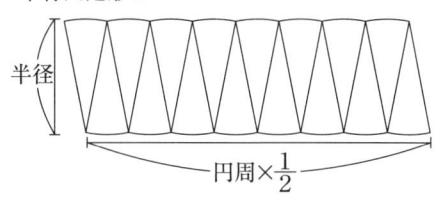

半径

円周×$\frac{1}{2}$

・半径×2×3.14×$\frac{1}{2}$×半径＝半径×半径×3.14

(3) 平行四辺形Ⅱ

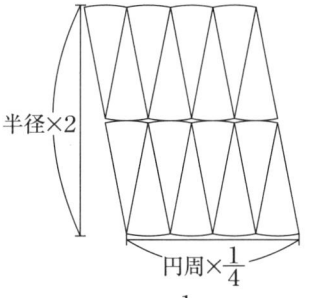

半径×2

円周×$\frac{1}{4}$

半径×2×3.14×$\frac{1}{4}$×半径×2
＝半径×半径×3.14

(4) 平行四辺形Ⅲ

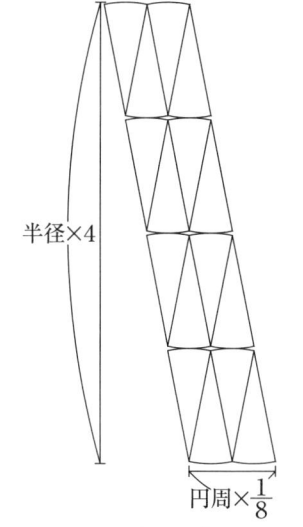

半径×4

円周×$\frac{1}{8}$

半径×2×3.14×$\frac{1}{8}$×半径×4
＝半径×半径×3.14

(5) 二等辺三角形　　(6) ひし形

半径×4

円周×$\frac{1}{4}$

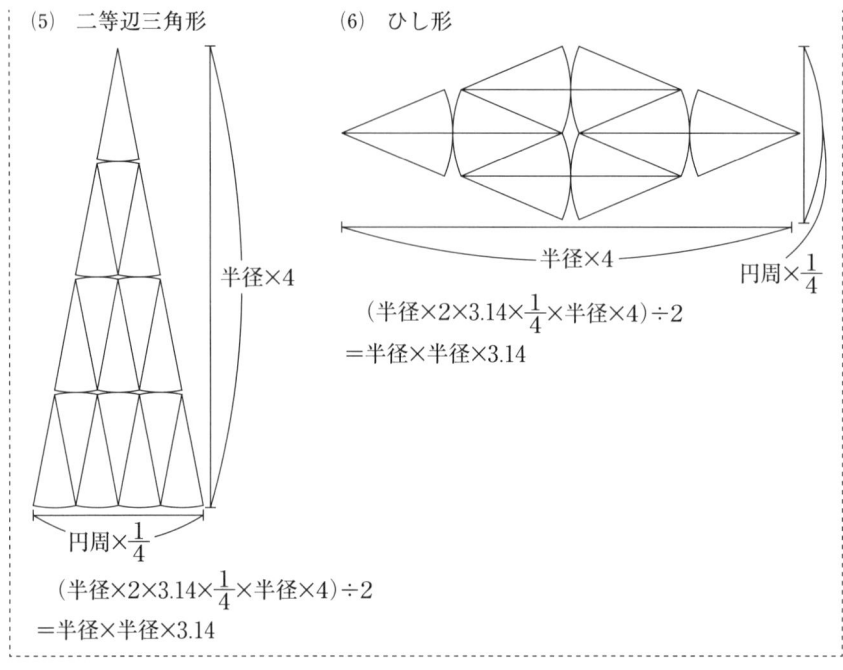

(半径×2×3.14×$\frac{1}{4}$×半径×4)÷2
＝半径×半径×3.14

半径×4

円周×$\frac{1}{4}$

(半径×2×3.14×$\frac{1}{4}$×半径×4)÷2
＝半径×半径×3.14

①既習事項とその活用について
- 円を16等分した形は，様々な平行四辺形や三角形，ひし形を作りやすい。変形した形の面積は求めることができるので，その答えは，円の面積となる。その際，半径や円周の半分の長さなどに着目させることにより，円の面積の公式を導きやすくなる。

(5) 1～3学年　図にかいて見通しをもった経験を生かす例(成功体験を生かす場合)

問　校庭に木が8mおきに10本植えてあります。はじからはじまで何mありますか。

図に示すことにより，木と木の間は9倍になっていることに気付き求められる。

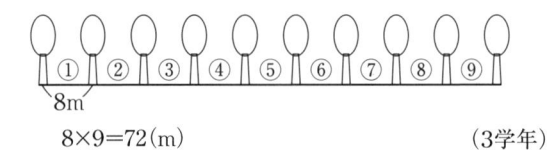

8m

① ② ③ ④ ⑤ ⑥ ⑦ ⑧ ⑨

8×9＝72(m)　　　　　　　　　　　　　　(3学年)

44

図にかいた既習事項として次のような経験が考えられる。

(1) 9＋6の求め方　（1学年）　(2) 何円か持っていて，60円もらったら180円になりました。はじめに何円持っていましたか。　　　　　　　　　　（2学年）

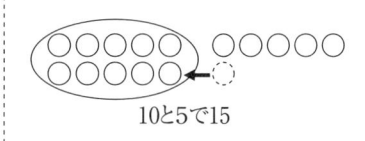

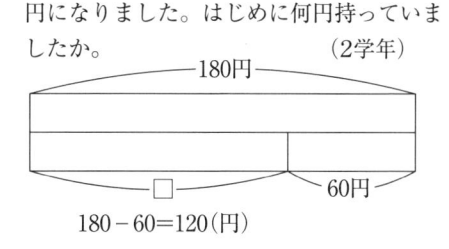

10と5で15

180－60＝120(円)

①既習事項の活用

　1学年や2学年のときに，問題を解決するのに図にかくことで容易に解決することができた経験を生かし，3学年の問題でも関係を図に表すことにより解決の糸口が見つかった例。

(6)　6学年　縮図の利用（既習事項を日常の生活場面で活用する場合）

問　図のようなタワーの実際の高さは何mになるでしょう。

(1) $\frac{1}{1000}$ の縮図をかくと，100mは，何cmになりますか。

(2) 左の図を直角三角形と見て $\frac{1}{1000}$ の縮図をかきましょう。

(3) 縮図からタワーの高さを求め，実際の高さに直しましょう。

①既習事項について
- 基本図形のかき方（2～4学年），合同な図形の書き方（5学年）
- 縮図や拡大図の概念，かき方・見方，縮尺（6学年）

②高い建物や木の高さなど実際に測ることが困難な場合に有効である。既習事項を活用する格好の場面である。

3 既習事項を活用した新しいことの学び取り

　単元や小単元の導入では，「○○○の仕方について考えてみましょう」と，未習事項についても，児童に考えさせて授業を進めることがある。

　これは，「教えていないことを児童に無理やり考えさせ，無駄な時間を使っている」のではなく，新しい学習事項に関する問題や課題の解決に既習事項を活用・応用させて，できるところまで児童に考えさせる体験をさせているのである。そして，これには，次のような意義がある。

　○既習事項を活用・応用して新しいことを見つけたり，考え出したりする体験をさせることができ，活用・応用する能力を育てることができる。
　○既習事項を活用・応用すると新しいことを見つけたり考え出したりすることができるなど有用性を実感させることができる。
　○既習事項を活用・応用してできるところまでさせ，それらをもとにして学習を展開することによって，児童の意欲的な学習態度を誘発できる。

　以上，算数の授業を中心に既習事項の活用について考えてきたが，以下のように，既習事項を活用して新しいことを学ぶ経験を積ませることも大切になる。これらを通して，既習事項を活用する有用感が実感でき，さらに主体的な学習に取り組み続けることになる。

(1) 他の教科等に算数の既習事項を活用させる

　これからは，算数科の授業を展開するにあたっても，他教科等で学習したことを既習事項として活用することが大切である。と同時に，算数科で学習したことが他教科等にも同様に発展し活用されるということを意識して進めていくことが重要である。特に，国語，理科，社会，総合的な学習の時間との関連を考慮することが肝要である。

　このことは，算数科の授業案を作成する際にも，算数科と他教科等との関連を明確に分析し位置づけていくことを意味し，他教科等の中で横断的に育成する知識・技能，考え方を重視する小学校学習指導要領(平成20年3月告示)の趣旨にも合致するものである。

(2) 生活の中で活用・応用されている事実に気付かせる

　算数・数学で学習したことは，次のような面で多様に活用・応用されているが，これらは一般化していないため，算数・数学は特別な人が活用するもので，

実生活にはあまり役立っていないとの誤解を受けている。生活の中で活用・応用されている事実に気付かせ算数を進んで活用・応用する態度を育てることが大切である。

　○消費生活，経済生活の中で活用されている。
　○医療，保険，スポーツ，政治，経済，金融など，ものごとの判断や予測の根拠として活用されている。
　○製造，交通，流通，情報処理などに活用されている。
　○科学，医学，生物学，環境学などの基礎学問などに活用されている。
　○親学問の数学の研究や発展に活用されている。
　○ものの考え方など生き方にも活用され，影響を与えている。

(3)　レポートや解説など記述や説明の中で既習事項を活用させる

　算数の学習も体験的な活動や実験・観察に基づいて，解決し考察することが行われる。単に問題を解くことに学習活動を限定せず，それらをレポートにまとめたり，解説したりする活動を通して，既習事項を活用する体験をさせていきたい。このことによって，知識や技能を活用するにとどまらず，考え方なども総合的に活用することができるようになる。このようなことは手間と時間がかかるが，学年の発達段階に合わせて取り入れ，少しずつ育てていくことが大切であり，また有効である。

　算数を活用・応用する力は，算数で学習したことが役に立つということを実感させることによって，積極的に活用・応用しようとする意欲・態度が一層促進される。基礎的な知識・技能の定着にとどまらず，活用すると考えやすいこと，実生活の中で算数が役立っていることに気付かせることが重要なのである。

〈引用・参考文献〉
小島宏（1990）「既習事項を活用して創造的に学習する児童の育成」㈶教育調査研究所
小島宏（2004）『学力を高める算数科の授業づくり』教育出版
小島宏（2008）『算数科の思考力・表現力・活用力』文溪堂

　　　　　　　　　　　　　　　　　　　　　　　　　　　（柾谷　雅弘）

第6章　数学的な考え方を育てるポイント

1　「数学的な考え」が育ったとは

　「数学的な考え」が育ったとは、児童が筋道立てて考える力を身に付けたときである。この筋道立てて考える力を身に付けている児童の具体的な姿を「既習事項を活用する力」、「簡潔明瞭に表現する力」、「学び合う力」、「発展させる力」の4つの力としてとらえることができる。

(1)　既習事項を活用して課題解決に取り組んでいる

　課題に取り組むときに、既習事項や既有経験をもとに、これを生かして、課題を解決しようとしているとき「数学的な考え」が育っていると考える。問題の中の例やいくつか自分でやってみたことから「何かきまりがないかな」と帰納的に考えたり、「今までに習ったことが使えないかな」と類推的に考えたりして既習事項に結びつけ、何とか解決しようとすることである。たとえ解決できなくても、自分なりの見通しをもち、課題に取り組むことができればよい。

　例えば、第4学年の「複合図形の面積」では、分けたり、全体から部分をひいたり、移動したりして長方形の面積に帰着し、公式を使って解決する。第5学年の「四角形と三角形の面積」では、この学習を想起して「学習した公式で求められる図形に帰着していく」という既習事項を活用する。このように、既に学んだこと、知っていることを根拠としてそこから導かれることを、次々と明らかにしようとすることが「数学的な考え」が育った姿である。

(2)　思考を簡潔明瞭に表現している

　解決の過程で、児童が自分の思考を図や言葉、操作、式で簡潔、明瞭に表しているときに「数学的な考え」が育っていると考える。その方法は絵や図にかいたり、言葉で説明したり、具体物を用いた活動をしたり、式で表したりと、発達段階やそれまでの既習事項、学習経験によって様々である。まずは、どんな方法であっても自分なりの方法で解決の過程や結果を表現できていればよい。そのうえで、様々な表現の相互関係を考えたり、内容に合った表現方法を選ん

だりして，より簡潔明瞭な表現方法を身に付けさせる。思考を論理的に表現する力を付けていることが，「数学的な考え」が育っていることである。

(3) 学び合い，考えを深める

話し合いの場面で，自分の考えを整理し，図や言葉，式などで簡潔に表したものを，相手に分かるように筋道立てて説明する。また，相手の説明を自分の考えと比べながら聞き，自分の考えと相手の考えの類似点，相違点を探しながら，それぞれのよさに気付く。さらに，相手の考えのよいところを取り入れて，自分の考えを修正したり，まとめたりする。このように話し合いにより自分の考えを深めることができているとき「数学的な考え」が育っている。

(4) 学習したことを発展させる

解決，話し合いの中で，次に使えそうな考え方に気付き，「このようなこともできるのではないか」と発展的に考えていくことができるとき「数学的な考え」が育っているととらえることができる。

例えば，第4学年「面積」では，長方形，正方形の面積の公式を学習するが，これをもとに「他の四角形も面積が求められるのでは」と考えたり，「長さやかさや重さと同じ考え方だった，他にも使えるかな」と今までの学習と結びつけて，「単位の考え」，「測定の考え」に気付いて考えをまとめ，次の課題につなげていく。このように学習した内容をもとに考えを広げたり，深めたりして，新しいものをつくり出そうとすることが「数学的な考え」が育った姿である。

2 「数学的な考え方」の評価

評価は，児童の目標達成状況を見るものであり，「授業の中で評価し指導に生かしていくもの」と「学期末等に行う学習の総括的評価（評定）」とがある。「数学的な考え方」を育てるためには，前者が大切であり，肯定的に，個人内評価，過程や発想重視で行い，指導と評価の一体化を図っていく。

(1) 肯定的に評価する

児童の「数学的な考え方」を評価するときは，最初から完璧を求めず，「～ができない」という否定的な評価でなく，できたところまでを「～はできる」のように肯定的に評価し，指導していく。間違いや足りない点を指摘することも必要だが，それよりも児童の考えのよい点，よくなったところを見いだし，肯定的に評価することで自信をもたせることが重要である。

(2) 個人内評価をする

　「数学的な考え方」は，授業の中で一人一人の進歩したところやよいところをきめ細かく見ていき，認め，指導していくことで育つ。学習の成果を他と比べるのではなく，その児童の昨日と今日，本来もっている力と達成状況などを比べて評価していくことで，児童は安心感と意欲をもつことができる。

(3) 過程と発想を重視する

　「数学的な考え方」を育てるには，「できた」，「できない」という結果よりも解決の過程と発想をていねいに見ていくことが大切である。結果が解決に結びつかなくても，その解決の過程での取り組む様子をノート（学習シート）や発表，つぶやきなどからとらえ，評価し，指導する。結果だけを評価していては児童は失敗を恐れるようになり，自由な発想を引き出すことはできない。

(4) 指導と評価の一体化

　授業の中で児童の思考過程をとらえて評価し，指導していくことは「数学的な考え方」を育てていくために最も重要であると考える。

　そのためには，児童がどのように考えていくか，それまでの指導やレディネステストから課題に対する児童の反応を予測し，それに対する評価と指導を考えておく。予測した反応例を類型化し，座席表等に児童がどのように考えていくか予想しておく。授業の中で児童の反応を見取り，評価・指導し，記録していくことができるように，短時間で反応を見取る工夫をすることで，適時適切な指導をしやすく，その後の話し合い活動も意図的に進めることができる。

　例えば，児童の反応を3つに類型化した「見通し」の評価では，

A：既習事項を活用し，いくつかの解決の計画を立てることができ，その中からよりよい方法を考えることができる。

B：何とか解決の計画が立てられる。

C：解決の糸口が見つけられない。

　それぞれへの手だてとして，

A：いくつかの解決の方法の中から手ぎわのよい方法に気付かせる。

B：筋道立てて解決していく順序を考えさせる。

C：問題場面から課題を明確にし，既習事項や既有経験から結果や解決の方法に結び付く情報を見つけさせる。

　例1：具体物を与え，解決の手がかりとなる指導助言をする。

例2：課題を特殊化したり単純化したりして，解決の糸口を見つけさせる。
例3：「習ったこととどこが違うか」既習事項との異同に気付かせる。
　これを，実態や内容によって小グループでの指導，指示シート，補助プリント，助言等で指導し，Ｃの児童にも見通しをもたせ，取り組ませることができるようにする。

(5) **教師が賞賛・価値づけをする**
　教師は児童が課題に取り組んでいるときに使っている考えや，発表した考えに「よい考えでしたね」，「すごくよい」などの声をかけたり，次の時間に前時を振り返ってみんなの前で取り上げたりしてよさに気付かせる。
　また，児童は意識せずに既習事項を活用し，課題解決に取り組むなど，考えていること，していることの価値に気付いていないこともある。こうしたときには，それを大いに評価し，意識させるようにすることで，児童に既習事項を活用しようとしたり，考えたりする力を育てる。
　「数学的な考え方」の評価は，教師が児童の考えのよさを見つけ，認め，児童に返していくというように行う。このように評価していくことで，児童に自信をもたせ，考えることの楽しさを味わわせることが，学習意欲を高め，「考えるっておもしろいな」，「また考えよう」という気持ちにつながり，「数学的な考え方」を育てていく。

3　「数学的な考え方」を育てるポイント

(1) **実態を把握し，個に応じた指導を進める**
　まず，児童の実態を多面的に把握する。知識・理解や技能の定着はペーパーテストでとらえることが比較的容易であるが，「数学的な考え方」の把握は難しい。既習内容の問題を解く様子や，文部科学省学力調査Ｂ問題など思考を把握する問題が研究されてきているので，これらを参考にして問題を作成し，「数学的な考え方」の状況をとらえる。
　また，それまで授業の中で課題へ取り組む様子から考える力の状況をつかんでおく。そのうえで，どのような力を付けようとしているのか，育てたい児童像を具体的に描き，実態に合わせて個に応じた指導の計画を立てる。

(2) **育てたい「数学的な考え方」を明確にする**
　「数学的な考え方」といっても様々なとらえ方があり，大きく分けても「論

理的に考えるため」の数学的なとらえ方と「内容について」の数学的な考え方がある。これらを児童の実態や単元のねらい，学習内容に合わせて軽重を付けながら指導していく。また，その単元の学習だけで定着を図ろうとせず，繰り返し，スパイラルに指導し，確かな力としていくようにする。

　例えば，第2学年「長さ」の学習では，「内容について」の数学的な考え方として「長さを抽象する（属性を捨象する）」，「単位を設定しその個数で数値化して表す―単位の考え―」が考えられる。身の回りのものから「長さ」を取り出し，長さ比べなどをしながら，直接比較，間接比較，任意単位による測定，普遍単位による測定という測定の4段階の指導を通して「長さ」の概念を形成していく。この考え方がこの後の学習のかさ（体積），広さ（面積），重さ，時間，角度という「量と測定」の学習で繰り返されていく。

　また，「関数の考え」のように，「数量関係」の領域の内容であるが「数と計算」，「量と測定」，「図形」等各領域の指導の中でも取り上げていくことにより育っていく考え方もある。

(3) 「数学的な考え方」を育てる授業を行う

　「児童が主体的に取り組む授業」といわれて久しく，「自ら学ぶ授業」への転換が求められてきている。しかし，教師が巧みに説明し，児童に理解させていく教師主導の授業は，知識・理解，技能の定着には即効力があり，熱心に教え込む授業は，児童，保護者，一部の教師に受け入れられ，支持されやすいため，まだかなり行われている。しかし，教師主導の授業では，児童は受け身になり，学習内容の理解はできても，自分から考えることが少ないため「数学的な考え方」は育ちにくい。児童が自ら課題を解決し，話し合いを通して友だちの考えと比べながら考えを深め，理解していく授業の中でこそ「数学的な考え方」は育ってくる。このような学習を繰り返していくことにより，学び方が身に付き，本質に至るまでの時間は短縮されてくる。「数学的な考え方」を育てていくには教師主導から児童が自ら学ぶ授業への転換が不可欠である。

　また，教師は，課題を提示したり発問したら，児童が考える時間をもつ。考える力を育てるためには授業の中で考える時間を十分にとることであり，考える力を育てるには考える力を育てる授業をしなくてはならない。

(4) 作業的・体験的な活動を十分行わせる

　低学年の言葉による説明が十分ではない時期では，具体物を用いた活動を通

して自分の考えを表したり，深めたりする活動を十分にさせておく。例えば，第1学年「たし算」，「ひき算」の学習では，ブロックなどの操作を言葉や式と結びつけて，数量関係の理解を深める。このような活動を通して，児童に「数量関係を抽象化する考え」，「数量関係を記号を用いて式に表す考え」を身に付けさせることが，その後の考える力につながっていく。問題場面を式で表すとともに，ブロックなどを用いた活動を行い，それを言葉や図で表現するということを繰り返すことでその関係に気付いたり，友だちが発表した方法を一人一人が作業的な活動をしたりすることによって，低学年期から進んで考えたり，自分の考えを表したりする態度を培っておく。

(5) **話し合いで考えを比べたり，まとめたりさせる**
①ポイントを明確にする
　自分の考えをもった後，話し合う時間を十分に取る。説明を聞いて友だちの考えを理解し，自分の考えとの類似点，相違点に気付き，自分の考えをよりよいものとしたり，深めたりする中で「数学的な考え方」を育てる。そのために，教師は，児童の多様な考えを整理し，まとめて話し合うポイントを明確にしたり，「友だちの考えのよいところはどこか」，「どこで考えを変えたか」と投げかけたりして，話し合いを深めていく。
②目的に合った言葉を指導する
　説明するときには，「事実を説明する」，「方法を説明する」，「考え方を説明する」，「理由を説明する」など，何を説明するのかを明確にする。「方法を説明するときには順序を表す言葉(はじめに〜，次に〜，最後に〜)を使う」，「理由を説明するときには根拠を明確にする言葉(なぜなら〜，そのわけは〜)」など目的に合った言葉を指導し，自分の考えを的確に表現する力を付ける。

(6) **考え方を引き出す課題を工夫する**
　教材研究の中で明確となった育てたい「数学的な考え方」を児童に身に付けさせるためには，考えを引き出す課題の工夫が必要である。
①児童が意欲的に取り組み，興味・関心を示す。
②既習事項を生かせる。
③多様な解決方法がある。
④解決した後，発展的に考えることができる。
　例えば，第1学年「たしざん(2)」の学習では，計算をつくり出す学習の後で

その習熟を図る。そのときに「1～9までのカードを1枚ずつ使って，答えが14になるたし算をつくりましょう」のような課題を設定し，計算技能の習熟を図るとともに，順序よく並べる，きまりを見つけるなど「関数の考え」を育てたり，「答えが15, 16になるたし算はどうかな」のように発展的に考えたりできるようにさせ，「数学的な考え方」を育てていく。

(7) 図，言葉，式，表やグラフなどを使って表現する力を育てる

考えを深めていくためには，思考過程を表現したり，表現されたものから考えを読み取ることが大切である。そのためには，まず，図，言葉，式，表やグラフなどを使って，自分の考え方やしたことを表現する力を育てておく。

図には，内容にかかわるアレイ図，テープ図，線分図，数直線などや，思考を深めるための樹形図や思考マップなどがある。思考を深めるための図は算数科だけでなく，他教科等における問題解決の場面でも活用することができる力であり，他教科の中でも指導していく。

言葉で表現するときには，短い言葉で端的に伝えるようにさせ，正確・簡潔・明瞭に分かりやすく表現する力を付けておく。また，「なぜならば～」というように根拠を示したり，「このことから～」というように考えをまとめたりする言葉を指導しておくと，筋道立てた表現につながっていく。

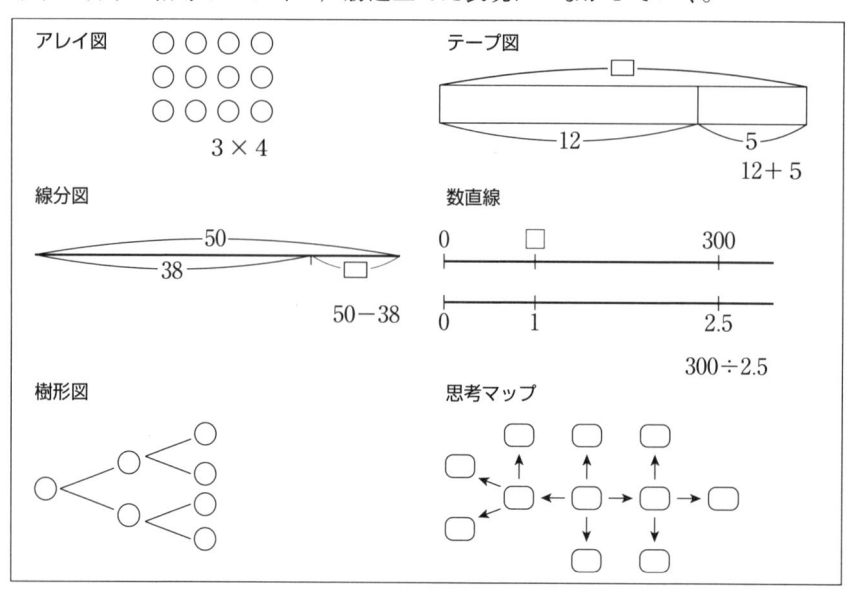

アレイ図	テープ図
○○○○ ○○○○ ○○○○ 3×4	□ ―12― ―5― $12+5$
線分図	数直線
―50― ―38― □ $50-38$	0 □ 300 0 1 2.5 $300 \div 2.5$
樹形図	思考マップ

式は，数量関係を簡潔明瞭，一般的に表すことができる。そのためには自分の考えを式に表すことと併せて，式を見て相手の考えを読み取る力を付けておかなくてはならない。式と言葉・操作・図を対応させる「式を読む」活動を低学年の時期から繰り返し取り入れて，育てておくことが大切である。

(8) ノート（学習シート）を活用する

　児童が自分の考えを深めたり，考えをまとめたり，学習したことを記録として残すことは大事である。特に，ノート（学習シート）は「数学的な考え方」を育てるのに，とてもよい道具である。教師は，ノート（学習シート）の記述から児童の思考過程を見取ることができ，個別指導に生かすことができる。学級での書き方や約束事を決めておくことによって，児童の考えやつまずきが把握しやすくなり，短時間で一人一人の考えを見取り，必要な指導，評価ができる。

　例えば，ノートは授業の流れにそって書くようにする。

①見通しは，☆，◎など印を決めたり，赤鉛筆で囲んだりする。

②自力解決の過程では，思考過程が分かるように消しゴムで消させず，斜線等を使うようにする。また，友だちの考えも取り入れるようにし，鉛筆の色を変えるなど，自分の考えと区別するようにさせる。

③終末に，学習感想を書かせ，そこに学習内容にかかわることだけでなく，「前に学習した〜を使って〜が分かりました」というように，その時間に使った数学的な考え方についても振り返るようにさせる。

　教師の板書は，児童のノートの手本となるようにすることが大切である。

　こうした学習の積み重ねであるノート（学習シート）は，一人一人の「数学的な考え方」の宝庫であり，新たな課題に取り組むときに解決の糸口を見いだすヒントとなる。ノート（学習シート）を活用することにより，さらに，既習事項を活用して考えようとする態度が育つ。また，ノート（学習シート）は授業後に児童の学習状況を把握することができる。教師は児童の記述を分析，評価し，コメントを付けて速やかに返し，児童がそれを次の学習に生かせるようにする。そのため，教師のコメントは「数学的な考え方」を育てる観点，よさを生かしていく観点で付けていくことが大切である。

〈参考文献〉
小島宏（2008）『算数科の思考力・表現力・活用力』文溪堂

（大野　洋子）

第7章 算数科の学習評価

1 算数科の PDCA サイクル

　文部科学省の方針では，学校現場の主体性と創意工夫による教育の質の向上が求められている。評価を改善に生かすシステムの確立は不可欠であり，その中にあって PDCA サイクルは学校教育活性化のための一連の過程を示すものである。当然，算数科の授業改善にもこのサイクルはあり，以下に具体的に示すことにする。

(1) **学校における PDCA**（Plan-Do-Check-Act）

P；それぞれの学校では，算数科の指導を行うために，「年間指導計画」を作成する。これは，学校の教育目標やその学校の児童の実態等から，目標設定がなされ具体化される。また，指導内容や評価の他に，指導体制を含む組織を明確に位置づける必要がある。これには，授業時数もかかわってくる。また，指導にあたり，必要な教材を用意することも大切なこととなる。

D；実践では，授業が中心となる。授業の他に，自治体で行われる研修，校内で行う研究授業，OJT（On the Job Training）による研修など実践の場は多くある。これらを生かしていくことを考えたい。

C；国の学力調査，自治体が独自に行う到達度調査により，客観的な参考資料を得ることができる。担任が行う評価計画に基づく単元テストや小テスト，児童の算数学習に対する思い，教員・保護者・地域の関係者による評価を総合して検証していく。

A；実施したことの検証を行った後，今後どうしていくかの反省をもとに次への行動を起こすことが必要となる。具体的には，指導計画などのプランの修正が必要となる。ただし，「不易と流行」の言葉通り，よいことは続け，新たな課題については，変更あるいは追加していくことになる。効果的であった指導に関する指導案や学習シート，教材・教具，評価テストなど学校として保存できるシステムを構築する。

(2) 学級における PDCA

P；学年の年間指導計画作成では，少人数指導を行う場合，協力して授業計画を立てる。時間的には難しいが，児童の達成目標に基づく評価計画があるとなおよい。授業の前には，必要に応じてレディネステストを実施する。指導方針を決めたら，課題の工夫，発問の工夫，板書計画などを考える。

D；指導案に基づき授業を展開する。日常の指導として，ノート指導，学習形態の工夫（2人組，グループによる話し合いなど）に取り組み，目標の明確化を図る。授業中の児童の思考過程を読み取るために座席表を用いて記録していく。その際，指導・助言を行うことは評価と大きくかかわる。

C；授業中の発言，ノートや学習シートの記録の分析，小テストや単元のまとめのテスト結果の分析を行う。その際，東京都の場合，東京都算数教育研究会が毎年実施している実態調査で得られる客観的なデータは参考となる。

　授業研究を行う際には，参観した教員による授業評価(参考資料として最後に示す)を行い，これを改善に生かすこともできる。

A；授業中の反応をとらえ（C），それを支援する（A）はもちろんのこと，次の指導に生かすため，指導計画の修正，指導体制の変更，教材教具の補充などを行っていく。このときも，よいことは続けることが大切である。

　特に，指導の軽重(重要単元の見極め)を考え，指導時数の調整を行うことは，現実的な改善につながっていく。

　例えば，(真分数)×(真分数)の計算の前に1時間，(真分数)×(単位分数)を入れる。その代わり，習熟の時間を1時間減らす，などがある。これは，計算のきまりを用いて答えを導き出す段階に，もう一段階段を加えることによって，どの児童も上りやすくすることをねらいとしている。もちろん，この階段が必要でないこともあるので，実態に合わせた対応が必要となる。

2　算数科の観点別学習評価と評定

　観点として，「算数への関心・意欲・態度」，「数学的な考え方」，「数量や図形についての技能」，「数量や図形についての知識・理解」の4つが示されている。国立教育政策研究所のホームページには，「教科目標，評価の観点及びその趣旨等」(平成22年11月作成)が示されている。これを基にして各学校で検討し，指導計画および評価計画をつくることが望まれる。

なお，評価の方法や評定の仕方については，大きな変更はないと考える。
そこで，低学年における「数量関係」について，比較的評価が難しいとされる「算数への関心・意欲・態度」と「数学的な考え方」について，評価規準に盛り込むべき事項・評価規準の設定例・評価基準の例を見ながら，評価について考えたい。

〈数量関係の評価規準に盛り込むべき事項〉第1学年　　（国立教育政策研究所のHPより）

算数への関心・意欲・態度	数学的な考え方
式に表すことやものの個数を表すことに親しみをもち，それらについて様々な経験をもとうとしている。	場面を式に表したり式を読み取ったりすることやものの個数を絵や図などを用いて表したり読み取ったりすることを通して，数理的な処理に親しみ，考え表現したり工夫したりしている。

〈数量関係の評価規準の設定例〉　　　　　　　　　　　（国立教育政策研究所のHPより）

・加法及び減法の式に表したり，式を読み取ったりすることに親しみをもっている。	・加法及び減法が用いられる場面を，具体物や図などを用いて考え，式に表している。 ・加法及び減法の式を，具体的な場面に結び付けてとらえている。
・ものの個数を絵や図などを用いて表したり読み取ったりすることに親しみをもっている。	・同じ種類の絵や図などを集め，個数の大小が分かりやすくなるような表し方を考えている。

〈数量関係の評価基準の例〉※おおむね達成（B基準）を示す。　　　　　　（筆者作成）

・3＋5＝8という式から，「3こと5こをたすと8になる」といった場面を日常生活の話として表現している。 ・同じ場面から，3＋5＝8や8－5＝3となる話を表現している。	・3＋5＝8の式の意味を，具体物や図を用いて表現することができる。 ・3＋5＝8の式になるような場面で，式にある数が何を表しているか言葉で表現でき，その関係を説明することができる。

「赤い花が3本，黄色い花が5本咲いていた」場面で，「赤い花3本と黄色い花5本で花は全部で8本ある」，「花が8本あって，黄色い花5本をとると赤い花は3本」といった話ができ，式と結びつけることができれば，数学的な考え

方に評価を与えることができる。さらに，3＋5＝8となる場面を日常生活に目を向け，いろいろな場面を見いだそうとしていれば，関心・意欲・態度において評価を与えることができる。

このように，評価基準の例として，児童の具体的な行動に置き換える努力をすることで，適切な評価を行うことが可能となると考える。

私は，どの単元の指導においても，「分からないことについて質問できる」児童については，関心・意欲・態度において高い評価を与えている。

3　算数科の指導と評価の一体化

授業を行ううえで，評価を行う力を付けることが教師の授業力向上には欠かせない。テストによる点数で評価するのであれば，教師でなくてもできる。

児童を評価するにあたって，どのようなことが必要なのか考えてみたい。

(1)　指導する前に行う準備
- 教材研究を行う…ねらいを知ることを中心に，指導要領解説書，教科書の教師用指導書を読む。単元における系統性を調べる。指導上の困難点を知る。
- 課題を工夫する…ねらいを達成できるものなど，適切な課題を設定することは，授業の成否にかかわる。
- 教具を準備する…学校にどんな教具があるか見ておく。教科書の付録を活用する。自作の教材を用意する。
- 発問を考える…教師の話はできるだけ少なくし，児童の思考の時間や活動の時間を確保する。特に，活動が始まったら，補足をするようなことがないようにする。主発問は吟味し，ねらいを明確にして伝える。
- 板書計画を立てる…最終的にどのようにまとめていくのか構造化しておく。
- 実態を知る…過去のデータから，どこが児童にとって困難なのかを知る。小テストや関連する単元のテストにより，既習事項がどの程度身に付いているかを知る。
- 指導を受ける…先輩教員から指導を受ける。自らが「問い」をもつことが大切である。

(2)　授業の中で行うこと
- 課題の提示を工夫する…ICT(Information and Communication(s) Technology 情報通信技術)の活用を図るなど，児童の興味・関心を高める。課題を理解

しているか確かめる。
- 児童に問う…教師の求める答えを導こうとすると，一問一答になったり，せっかくの児童の発言を無視したりすることになりやすい。また，説明が多く，教え込むことにならないよう，児童の考えを引き出すようにする。自力解決させる。
- 児童を評価する…児童を評価するということは，同時に教師が指導しているということである。否定せず，よい所をほめる。あるいは，他の児童に認めてもらえるよう配慮する。

　誤った考えをした場合，どうしたら正しい考え方に導くことができるか，あるいはどうして間違えてしまったのか，ともに考える姿勢をもつ。「ここまではできている」という評価を児童に伝えるよう心がける。
- 助言する…つまずいている児童に対して，2通りの助言の仕方を用意する。

　方向性を与える助言は，「昨日学習したことを思い出してごらん」といったもので，ある程度自力で解決できる児童に有効である。

　具体性を与える助言は，「図をかいて考えてみよう」，「おはじきを使って考えてみよう」など，具体的な指示をしないと学習が進められない児童に有効である。
- 児童の考えを記録する…座席表を用意し，どのように考えていたか，どのように考えが変化したかをチェックする。また，どのような助言をしたかも書き入れる（児童不在にならないよう，できる範囲で行う）。
- 発表させる…同じ考えであっても，時間があれば何人かに発表させてよい。言い方が異なっても同じ考えだということに自ら気付かせたい。発表できなかった児童は同じ考えにネームプレートを貼るなどして意思表示をさせる（個々の考えを大切にする）。低学年は，友だちの考えを理解する力に欠けることもあるため，説明だけでなく，「Aさんの考えで，みんなやってみましょう」と活動させることで理解を深めたい。
- 話し合わせる…多様な考えが出るようにし，児童と一緒に思考を高めていく。初めから，スマートな方法が出るわけではない。いろいろな考え方が出て，よい点を話し合いによって見いだし，それぞれの児童が納得していかなければいけない。教師は，交通整理をすることが大切な役割といえる。ときには，「本当にそうか？」といった疑問を投げかけ，児童を揺さぶることがあって

もよい。そうすることで，理解が深まる。
- まとめる…できるだけ，児童の言葉でまとめる。稚拙な表現であっても多少は認める。ただし，定義，用語において適切でないものは，教師が教えて正すことが大事である。
- 適応・発展問題を解かせる…今日の学習が理解できたか，適応問題をやらせることで見取る。そして，1題は次時の発展問題を入れ，そのでき具合を参考資料とする。
- 自己評価・相互評価をさせる…授業後の感想には，評価に値する内容を見ることがある。ただ，「感想」とすると，おもしろかった，難しかったなどの反応が多く，児童の理解についての反応が読み取れない。そこで，「大切だと思ったこと」，「友だちの考えでよいと思ったところ」，「これからも使ってみたいと思った考え方」など観点を示すとよい。
- 宿題を出す…計算の習熟などを目的として課す。点検を教師が行ってもよいが，自己採点させることもあってよい。これは，自己評価につながる。ときには，発展としてチャレンジ問題を出す（これは必修ではない）。意欲的に取り組む児童を，関心・意欲・態度において，評価できるからである。作問をさせることがあり，これを見ることで数学的な考え方の理解の深さが見えることがある。低学年の場合，家庭の協力もあり，宿題ができているからといって分かっているとはいえないことがある。

ここまでで，1時間の授業が終わるが，指導と評価は，この後も(1)(2)を繰り返す。この一連の活動こそ，PDCAサイクルであり，指導と評価の一体化といえる。

評価は，学習の結果に対して行うだけでなく，その過程における評価を工夫改善しなければ，評価する力の向上は望めない。

教師自身だけの評価だと，思い込みをしていたり，気付かずに過ぎてしまっていたりすることがある。研究授業の時など，多くの参観者に授業評価してもらうことは，新たな改善につながる。最後に授業評価の項目を示したので参考にしていただきたい。

(3) **数学的な考え方を育てる教師の役割**

まとめる段階において，教師のスパイラル的な指導が，児童たちの数学的な考え方を伸ばし，高い評価を得ることがある。ポイントを以下に示す。

①考え方のドリル
　立式の場面で，演算決定の根拠の一つとして，出ている数を「簡単な数に置き換える」ということがある。1学年から2学年での加減計算では，桁数が大きくなっても演算は変わらない。この先，小数や分数についても同じことがいえる。大切なことは何度でも伝えることが必要で，このことを考え方のドリルとしている。考えるために，慣れるということも必要である。
②学習内容の関連付け
　加減計算の筆算において，整数では「位をそろえる」，小数では「小数点をそろえる」，分数では，「分母をそろえる」と学習する。これをまとめると，「単位をそろえる」となる。このように今までの学習を関連付けながら整理していくことが教師に求められる。
③約束ごとの明確化
　論理は言葉によってなされる。したがって，用語の正しい理解や使い方に対しては，指導が必要となる。特に，図形領域では，教師が積極的に使っていくようにする。その他，「公式の中では，単位をそろえる」，「整数，小数，分数について，公式，計算のきまりが使える」などを示したい。
　「よりよい評価」と「よりよい指導」は，まさに表裏一体である。

〈参考文献〉
小島宏（2003）『授業のなかの評価』教育出版
国立教育政策研究所教育課程研究センター（2010）「評価規準の作成のための参考資料（小学校）」

（山本　英一）

授業評価 ─研究主題に焦点をあてた項目を具体的に示す（研究内容と方法）

	年　月　日　授業学年（　　　）　授業者（　　　　　） 単元名（　　　　　　　　　　　　　　　　）				
	評価項目	評価			
		A	B	C	D
①	課題の工夫（算数的活動）がなされ，児童にとって学習の意欲づけやイメージ化を助けるものになっているか。				
②	児童は数学的な内容（既習事項，法則，性質，用語など）を使って自分の考えを説明できているか。〈数学的な思考力・表現力〉				
③	個に応ずる手だては適切か。(特に配慮を要する児童)				
④	教師の価値づけが適切で，児童の学習に対する方向性や意欲づけができていたか。				
⑤	学習規律（相手を意識して話す，聞く）ができていて，数学的コミュニケーションがなされていたか。				
⑥	評価（形成的評価）の計画・実践が個に応じ，適時なされていたか。（座席表等の活用）				
⑦	自分の考えを書いたり，記録したりと，ノート指導になっているか。				
⑧	グループでの話し合い（コミュニケーション）が効果的であったか。（目標に合致していたか）				
⑨					
	A……大変よい　B……よい　C……もう少し　D……がんばろう				

担任へのメッセージ
(　　　　　　　　　　　　　　　　　　　　　　　　　　　)

児童へのメッセージ
(　　　　　　　　　　　　　　　　　　　　　　　　　　　)

※⑨には，この授業でねらいたい事柄を追加する。

〈考案者：元東京都中野区立桃丘小学校長　山中　優氏〉

第8章　数学的な考え方を育てる授業モデル

1　担任の授業のモデル指導案

《数学的な考え方を育てる指導の工夫》

　数学的な考え方を育てるためには，問題解決型の学習の各段階で，数学的な考え方を引き出し高めるような指導や，数学的な考え方を育てる発問を工夫することが大切である。

(1)　課題把握の段階

①問題を提示する際の工夫をする。

　1)　条件不足の問題や条件過多の問題を出す。

　　【例】　500円持ってリボンを買いに行きました。8m買いました。おつりはいくらでしょう。（1mの値段が分からない）…条件不足

　　条件が足りないことを児童が気付くことによって，どのようなことが分かっていれば問題が解けるのかを考えることができる。

　2)　条件を変えて提示する。どの条件を変えるかを考えさせる。

　　【例】　500円持ってリボンを買いに行きました。1m70円のリボンを8m買ったらおつりはいくらでしょう。

　　この問題はどのように数値を変えると成立するかを考えさせる。500円を600円にするとできるか，1mの値段を200円にしたらどうか，8mを10mにしてもできるか，などを考えさせる。

　3)　挿絵はすぐに見せない。

　　問題がよく分かるようにと，すぐに挿絵などを見せてしまっては，児童に考えさせることができない。

　　【例】　みかんがお皿に3個ずつのっています。このお皿が4枚あると，みかんはぜんぶで何個になりますか。

　　このような問題を出して，次のような絵を見せてしまっては，絵や図にかいて考えようとはせず，単に数えるだけとなってしまう。

問題を読んで，自分で考え，図に表したり，式に表したりさせることが大切である。

(2) 自力解決の段階
　児童一人一人が自分で考えられるようにすることが大切である。
① 見通しをもたせる。
　・どのように考えたらよいか。……　方法の見通し
　・答えは，大体どれくらいになりそうか。……　結果の見通し
② 一つの方法で答えが出せたら，別の方法で答えを求めて確かめる。
　このことによって児童自身が自分の考えが正しかったかどうかを確かめることができる。
③ 自分の考えがもてない児童への指導
　個別または小集団（グループ）指導を行い，考えを引き出す発問をすることによって，考えがもてるようにする。
　【発問例】「どこが分からないのですか？」
　　　　　　「どうなっていたらできそうですか？」
　　　　　　「今まで学習したことが使えませんか？」
　このように発問することを通して，児童が既習事項を想起できるようにする。
④ 既習事項を使って考える。
　ノートや学習シートを見て，前時の学習を振り返り，解決に生かす。
　教室内に掲示した友だちの考えなどを参考にして，自分で考えられるようにする。
　公式のみを教室に掲示して，丸暗記させても意味がない。その公式を導き出したときどのようにしたかという考え方を掲示することが大切である。
⑤ 言葉，式，図など，様々な表現方法を使って考えられるようにする。
　テープ図，数直線，面積図などはかき方・使い方を指導しておく。

(3) 発表・検討の段階
①発表中は，友だちの考えと自分の考えの相違点を考えながら聞く。
　発表された考えと，自分の考えのどこが同じでどこが違うのかを考えながら聞くことにより，友だちの考えのよさに気付くことができる。
②発表された考えの共通点や相違点を考えられるように，教師が関連付ける発問をする。
　【発問例】「Aさんの考えとBさんの考えは違いますか？　同じと考えられませんか？」
　　　　　　「では，Bさんの考えとCさんの考えはどうですか？」
　発表された考えは，それぞれ別のものではなく，ある観点で見れば同じ関係と考えられるなど，それぞれの考えを関連付ける。
③いつでも使える考え方を導き出す。
　・関連付け，練り上げ，いつでも使える考え方へと導いていく。
　・一般化できるようにする。
④発展的に考えられるようにする。
　「この場合はこうだけど，このようなときはどうだろうか」と発展的に考えられるようにする。

(4) まとめ
①本時で学んだことを使って「あてはめ問題」をする。
　・児童は今日学習したことが使えるか確認する。
　・教師は児童の学習の定着状況を把握する。
②今日の学習で分かったことや思ったことを書いてまとめたり，発表したりする。
「学習のまとめ」は思考過程をまとめられるようにする。
　【学習のまとめの例】
　・自分の考えの過程を書く。
　　間違ったり，つまずいたりしたことも正直に書くように指導する。
　・友だちの考えのよい点を書く。
　・次はどうしたいかを書く。
　「学習のまとめ」を書くことによって，児童は次の時間に前時の学習を振り返る際に活用できる。また，教師は，自分の指導がどうであったか，児童の学習の定着状況はどうかを評価できる。

第8章 数学的な考え方を育てる授業モデル

《授業の中でよく使われる数学的な考え方》
【例】 2学年のかけ算九九をつくる学習

| 2×2や2×3などの答えはどのようにしたら求められますか。 |

2×4＝2＋2＋2＋2と計算したから，きっと3×4も3＋3＋3＋3と計算すればよいだろう。
【類推的な考え方】

3の段の九九をつくる
　　3×2＝3＋3＝6
　　3×3＝3＋3＋3＝9
　　3×4＝3＋3＋3＋3＝12
　　3×5＝3＋3＋3＋3＋3＝15

3が階段みたいになっている。なにかきまりがありそうだ。どこも3が1個ずつ増えている。どれも答えが3増えている。
【帰納的な考え方】

　　　・
　　　・
　　　・
　　　・
　　　・

たし算を何度も書くのは面倒だな。もっと簡単にできる方法はないかな。
【一般化の考え方】

　　3×5＝12＋3＝15
　　3×6＝15＋3＝18
　　3×7＝18＋3＝21
　　3×8＝21＋3＝24
　　3×9＝24＋3＝27

前の段よりかける数が1ずつ増えていて，答えも3ずつ増える。だから前の段の答えに3たして考えました。
【演繹的な考え方】

T：どうしてこのように考えたのですか。

《問題解決の事例》第１学年 「くり下がりのあるひき算」

問題解決の段階	教師の発問と児童の反応	使われる数学的な考え方
問題把握　見通し	12－7の計算のしかたをおはじきを使わないで説明しましょう。 T：答えはだいたいいくつぐらいになりそうですか。 C：10よりも小さくなると思います。	
自力解決	T：おはじきを使わないで説明できる方法を考えましょう。 C：図をかく。 C：式をかく。	
発表・検討	T：考えたことを発表しましょう。 C1：○をかいて考えました。…① ○○○○○○○○○○　○○ ↓ ●●●●●●●○○○　○○ ↓ ○○○ 12は10と2だから 10－7＝3 2＋3＝5 答えは5です。 C3：式で考えました。…③ 12－7 2　10　3 　　3 10－7＝3 2＋3＝5 　答えは5です。	C2：○をかいて考えました。…② ○○○○○○○○○○　○○ ↓ ○○○○○○○○○○　●● ↓ ○○○○○●●●●● ↓ ○○○○○ 12は10と2　まず2を ひいて12－2＝10 ここから5をひかないと 7ひいたことにならないから 10－5＝5　答えは5です。 【演繹的な考え方】 C4：式で考えました。…④ 12－7 10　2－2　5 10－5＝5　　答えは5です。

共通点や相違点に気付く	T：同じ考えはどの考えとどの考えですか。 C5：①と②です。○で考えています。 C6：①と③です。12を10と2に分けて10から7をひいて，その答えに2をたしています。 C7：②と④です。10－5をしているからです。 T：①と②の違いはどこですか。 C8：①は10から7をひいているけれど，②ははじめに2をひいてまた5をひいています。
一般化する	T：ほかの計算もこれらのやりかたでできるか確かめてみましょう。
まとめ	T：今日の学習で分かったことをまとめましょう。 【新しい知識として検証する】

〈参考文献〉
片桐重男（1988）『数学的な考え方・態度とその指導1　数学的な考え方の具体化』明治図書

（福島　幸子）

2 TT授業のモデル指導案

(1) TT授業でどのような力を育てるのか

　児童の実態に対応した，また児童のつまずきを解消し学習内容を深める指導方法の一つとしてTT方式(Team Teaching　以下TT授業とする)が導入されている。TT授業とは，複数の教師が一つの学習集団をそれぞれの専門性や持ち味を生かして，協力しながらきめ細かく児童に対応した授業を展開していくものである。

　したがって，担当する教師（担任T1・T2）は，事前に児童の実態や単元の内容や展開について把握し，育てていこうとする数学的な考え方は何かを打ち合わせしておく必要がある。その視点として次の3点をあげる。

① 「数学的な考えを生み出す背景」

　（進んで問題や目的を明確にしていく，合理的に処理する，内容を明確・簡潔に処理する，より高いものをめざそうとする。）

② 「数学の内容に関係した考え方・創り出す方法に関する数学的な考え方」

　（帰納的，類推的，演繹的，統合的，拡張的，発展的な考え方，抽象化，単純化，理想化，一般化，特殊化，記号化の考え方，数量化，図形化の考え。）

③ 「数学の内容に関する数学的な考え方」

　（式に表す・読み取る，単位の大きさなどに着目する，資料から傾向を読み取る，関数の考え・きまりを見つける，集合と類別を考える，記数法や数直線等で表現する，数える・作図することの意味を考える，アルゴリズムを考える，概括的にとらえる，基本的な性質を考える。）

　これらに関係する項目について単元ごとに絞り込んで指導計画を立てていくことが大切である。

　漠然とした目的で，具体的な方策もない，単なるT1のアシスタント(電気をつける，ノートの点検，紙を配る・回収するなど)としてのT2では，せっかくのTT授業の指導体制を有効に活用したことにはならない。

　そのためにも，校内でTT担当または少人数担当教員がいるときは，その担当者が単元指導計画・評価計画を立て，本時のそれぞれの教員の目的と担当，具体的な方策の略案を作成し，それをもとに担任と打ち合わせをし，授業に臨んでこそTT授業の有効な活用ができるのである。

(2) TT授業のスタイル

TT授業のスタイルとして3つのスタイルが考えられる。

①全体指導と補助指導のスタイル

学級の習熟度差が少なく、学習内容を同一歩調で進められる集団の場合は特に有効である。

指導の分担としては、T1が全体指導に徹し、比較的に自力解決ができるグループの支援にあたる。

例えば、1問につき1つだけの式を立てるのではなく、新たな関係を式に表させたり、数えやすい数に置き換えて式の意味について考えさせるなどの支援をしながら指導していく。

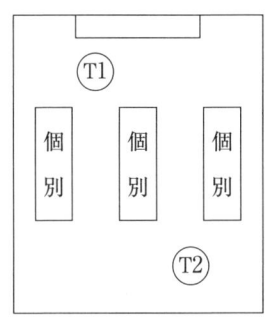

図1　全体指導と補助指導のスタイルの教室

一方、T2の担当教諭は、少人数グループで、考え方のヒントを与えることによってつまずきを解消できるグループを担当する。

例えば、図形の概念のもつ性質について考えるときに、具体物を用いて辺や角の相関関係について明らかにしたり、ある四角形であるための条件整理の仕方について順序立てて再度指導したりすることである。

まとめの段階で全体指導に入る際、個別指導をして新たな関係を式に表させたり、数えやすい数に置き換えて式の意味について考えた児童や、アルゴリズムの考えを見つけた児童に発表の場を与え、学習内容の検討・練り上げを行い、習熟を図っていく。

展開の基本スタイルとしてT1は、全体指導(導入・課題把握)→個別指導(解決活動・支援計画)→全体指導(まとめ)。

T2は補助指導→個別指導(解決活動・支援計画)→補助指導(話し合い)→全体指導(まとめ)の順で指導していく。

②全体指導とグループ指導のスタイル(特別支援型)

①の全体指導と補助指導のスタイルを習熟度に差がある集団の場合に改善したスタイルである。T1が基本問題から発展的な問題へと進められる児童を対象とし、T2は基本問題の解決に重点を置いた児童を対象に授業を展開していく場合である。学習状

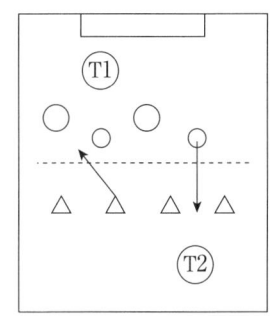

図2　全体指導とグループ指導(特別支援型)の教室

況によっては児童がT2グループからT1グループへ変わることができるといった弾力的なグループ編成を授業展開中に行っていく。ここでの発展的な問題へ進められる児童とは，例えば，基本問題をもとにして問題場面は同じではあるが，数値を整数から小数，分数に拡張して考えることができる，または演算をたし算の場面からかけ算やわり算の場面を創造することができるといった数学的な考え方ができる児童を指している。

③全体指導と分担指導のスタイル

①の全体指導と補助指導スタイルとの違いは，T1，T2がそれぞれ分担されたグループで指導を行い，まとめの段階においてもT2は補助指導に徹する。

集団を2等分することによって，指導する対象児童数を減らし，よりきめ細かな指導を行っていくねらいがある。学習目的が同じで，集団の習熟度に差がない場合の展開として適する。

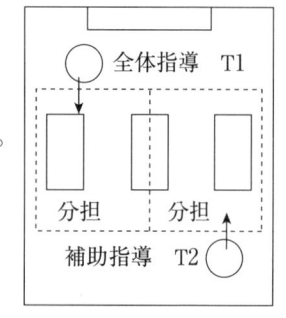

図3　全体指導と分担指導のスタイル

数学的な考えを育成する場合は，特に算数的活動，測定や作図などの学習活動が重要である。

例えば，第5学年の内容にある「異種の二つの量」では，大きさを比較するときに単位量当たりの大きさの考えを活用する。どちらか一方の量にそろえて比較するという考えを，数直線を活用して理解を図っていくことが有効である。このような数直線を活用して問題の意味をとらえやすくしたり，解法を分かりやすくしたりすることは，数学の方法に関連した数学的な考えの「記号化の考え方」の一例である。

(3)　個人リストをもとにした事前の打ち合わせと年間指導計画の作成

前述したように，TT授業を効果的に行うためには，児童の実態に合わせた授業展開について，担任とTT担当者との打ち合わせは欠かすことができない。ところが，実際は行事の準備や突発的な児童や保護者の対応などで打ち合わせができないことが多い。TT授業を1年間も続けながら，「どんな数学的な考え方が育ったのか」と振り返って自問自答したときに，成果が出せないようであれば，それこそ「時間・人・お金」の無駄となってしまう。そのようにならないために，学期始まりには授業展開計画を作成しておかなければならない。そして打ち合わせ時においては次の点に留意しておきたい。

①もち上がりの学級であれば，個人リスト（習熟状況・課題・数学的な考え方の到達目標）を作成する。
②個人リストに対応した具体的な手だてを明記しておく。
③学期ごとに個人リストは作成し直す。
④年度当初に年間指導計画を作成し，おおよその教材，準備すべき教具について把握しておく。
⑤単元ごとに，TT授業でのT1，T2の役割，予想される児童の数学的な考え方の内容，考えを育てる具体的な支援の方法を作成しておく。
⑥打ち合わせは，週1回の学年会にTT指導担当者が指導計画をもとにしてかかわる。学期始まりは，時間をかけて共通認識をし，その他は短時間で，ねらいと方策を明確にした話し合いを効率よく行う。
⑦授業後は，個人リストに児童の反応を明記しておく。

(4) モデル指導案

以下の指導案では，「全体指導と補助指導のTT授業スタイル」での数学的な考え方を育成する方法について，本時を中心にして述べる。

①単元名 「割合」 第5学年
②ねらい
・問題に含まれる条件を使って，異なる量の大きさを比べようとすることができる。（※目的をとらえて行動しようとしている。条件・情報・仮定に基づいて考えようとしている。）
・異なる二つの量の比べ方として，割合を使って比較することができ，またその表し方を理解できるようにする。《数量化の考え》
・数直線を活用して，単位量当たりの大きさ・割合の考えを深めることができる。《記号化の考え》（表現の考え）
・既習事項を活用し，割合の考えを説明することができる。《類推の考え》

③本時の展開　（全3時間中の1時間目）
　ここでのポイント：◎数学的な考え方のとらえ方
　　　　　　　　　※数学的な考え方を生み出す背景となる考え方，《数学の内容に関係した考え方・数学を創り出す方法》，（数学の内容に関する数学的な考え方）

過程	○児童の反応	◎評価と数学的な考え方 ・T1による支援　・T2による支援
問題把握・全体指導	3つのチームでバスケットの試合をやりました。表のような結果になりました。どのチームが強いといえるでしょうか。 | チーム	試合数	勝った数
A	20	12
B	12	4
C	16	8 | C1：勝った数で比べるとAチームとなるが，試合数が多いので他のチームと比べることはできない。 C2：どのチームも10回以上の試合を行っているので10回までの勝ち数の結果で強いチームを決めればよい。	◎比較する場合は基準があることに気付いている。 ※目的をとらえそれに合った行動・考えをしようとしている。 ◎資料が不足して判断できないが，資料の結果をもとにして考えようとしている。(統計における考え)
自力解決・個別指導	C3：1勝するために行った試合数から考える。 A：$20 \div 12 = \frac{20}{12} = \frac{10}{6} = 1.6\cdots$ B：$12 \div 4 = \frac{12}{4} = 3$ C：$16 \div 8 = \frac{16}{8} = 2$ 数値が少ないほど強いチームであることが分かる。 C4：1試合当たりの勝ち数で比較する考え。 A：$12 \div 20 = \frac{12}{20} = \frac{3}{5}$ B：$4 \div 12 = \frac{1}{3}$ C：$8 \div 16 = \frac{1}{2}$ $\frac{3}{5} > \frac{1}{2} > \frac{1}{3}$ 野球の勝率は，勝ち数÷試合数で計算している。数値が多いほど強いチームであることが分かる。	T1：B, Cは分数を約分して整数にすることができるが，Aは割り切れないので，小数で表している。 ◎（数の大小・相等の比較の仕方を理解している）《数量化の考え》 T2：勝った数をそろえて考えようとしている児童に，A, Bチームから考えるように助言する。Bチームが12勝するためには12×3試合しなければならないことに気付かせる。 T1：A：12÷20は何を求めようとしたのかを確認し，言葉の式で表現させる。 　勝った数÷試合数＝1試合当たりでの勝ち数 ◎生活の中から数学的な考えを活用している。 　（数の大小・相等の比較の仕方を理解している） 《数量化の考え》 T2：20個のみかんを5人，15個を3人で分けるとき，どちらの方が1人分の数が多いか，類題を通して考えさせる。

	C5：1試合当たりの勝ち数を線分図で表す考え。 勝ち数　？　　　12 　　　├──┼─────┤ 試合数　1　　　20	T1：割り算の考え方を生かして数直線で表すことができないか促す。「1つ分の大きさ」，「1当たりの量の大きさ」に気付かせていく。 ◎数直線を活用して，単位量当たりの大きさについて説明をし，割合の考えを深めることができる。《記号化の考え》（表現の考え），《類推の考え》
まとめ・全体	C3〜C5の発表 ・試合数÷勝ち数＝1勝するための試合数 ・勝った数÷試合数＝1試合当たりでの勝ち数 ＊一般に勝率を表す際には後者の考えが使われていることを伝える。	T1：C3，C5の考えの共通点は何かを考えさせ，何を1として見るか明らかにする。 ◎割合の意味についてまとめ，その求め方について理解する。《一般化の考え》

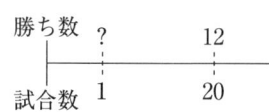

〈参考文献〉

小島宏（2008）『算数科の思考力・表現力・活用力』文溪堂
片桐重男（1988）『数学的な考え方・態度とその指導1　数学的な考え方の具体化』明治図書
文部科学省（2008）『小学校学習指導要領解説　算数編』東洋館出版社

（五関　正治）

3 少人数指導のモデル指導案

(1) 少人数指導の指導体制

　学級を分割して少人数にすることにより，児童とかかわる機会を増やし，指導の効果を高めることが少人数指導の目的である。

　少人数にしたことにより，机間指導で児童に声をかける機会が増え，指導と評価が充実されたり，児童が考え発表する機会や練習の機会を増やしたりすることが大切である。

(2) 少人数指導の課題

　指導体制を少人数指導にしたとしても，机間指導の回数が増えず，学習集団の人数を減らしだけの指導が見られる。

(3) 少人数指導の配慮点

　少人数のグループの編成に際しては，少人数指導のねらいを児童や保護者にも知らせ，理解を求めることが必要である。少人数の学習集団にすることによって担任以外の教師の指導を受けることになるが，きめ細かい指導によって，児童に分かりやすい授業になることを，児童にも保護者にも知らせるようにする。

(4) 少人数指導のモデル指導案

　少人数指導は，同一の課題でグループの児童の人数を均等にして少なくする場合と，グループの人数に多少が生じても課題選択や学習方法を選択する場合もある。

　この指導案は，人数を均等にして少人数指導にしてきめ細かい指導を行う場合のモデル指導案として示す。

①単元名　第4学年「小数のしくみとたし算，ひき算」
②単元の目標（ねらい）
- 整数や$\frac{1}{10}$の位までの小数の表し方や仕組みをもとに，$\frac{1}{100}$の位や$\frac{1}{1000}$の位の小数について，表し方や仕組みを理解する。
- 整数や$\frac{1}{10}$の位までのたし算・ひき算をもとに，$\frac{1}{100}$の位や$\frac{1}{1000}$の位の小数のたし算やひき算の計算の方法を考え，計算ができるようにする。

③単元の指導計画（全9時間）

次	時	児童の学習活動	教師の支援
1	1	0.1Lの$\frac{1}{10}$は0.01Lと表すことから，$\frac{1}{100}$の位までの小数の表し方を理解する。	あらかじめ，少人数指導を行うことを説明し，グループを決めておく。既習の$\frac{1}{10}$の位までの小数に基づいて導入する。
	2	0.01kmの$\frac{1}{10}$は0.001kmと表すことから，$\frac{1}{1000}$の位までの小数の表し方を理解する。	1000m＝1kmの関係をもとに，具体的な数量から小数の範囲を広げていく。
	3	1，0.1，0.01，0.001の大きさの関係を調べ，小数の十進構造を理解する。	10倍，$\frac{1}{10}$の関係を整数の場合と関連付け，十進数であることを理解させる。
	4	小数の仕組みを調べ，小数の構成や，相対的な大きさについて理解する。	0.1を単位にする場合をもとに0.01や0.001を単位とした数の相対的見方を扱う。
2	5	小数第2位同士，3位同士の小数のたし算の計算の方法を考える。	整数と見て計算した経験をもとに，計算の仕方を考えさせる。
	6（本時）	小数第3位までの小数で，桁数の違う小数同士のたし算の計算の仕方を考える。	たし算は同じ位同士をたすということから，筆算の小数点の位置の関係を理解させる。
	7	小数第2位〜3位までの小数同士のひき算の計算の方法を考える。	単位の考えを用いて，小数を整数と見てひき算を考えさせる。
	8	桁数の違う小数のひき算や，整数から小数をひく場合の計算の方法を考える。	位取りやくり下がりに注意して，ひき算の筆算ができるようにする。
3	9	単元のまとめをする。	仕組みと計算をまとめる。

④本時の学習（全9時間中の6時間目）
1) 本時の目標
　・$\frac{1}{100}$の位や$\frac{1}{1000}$の位の小数のたし算の計算の方法を考え，計算ができるようにする。

2) 本時の展開

	児童の学習活動と内容	教師の支援
課題把握	0　少人数のグループに分かれる。 1　本時の課題をとらえる。 重さが，1.36kgと2.41kgのねんどのかたまりがあります。 2つのかたまりをいっしょにすると，重さは何kgになるでしょう。	○少人数のグループでは，質問や発言や個別指導や評価場面など，児童が教師とかかわる機会が増えるように配慮する。
見通し	○式を書いて，たし算になることを確認する。 　　1.36＋2.41 ○どれくらいの重さか見積もる。 　・3kgはある。 　・4kgまではない。	○小数第1位同士のたし算は既習事項であることを確認する。 ○たし算の式を書いているかどうか，机間指導で素早くチェックする。 ○「1kgと2kgを合わせた重さより重い」，といった根拠のある見積もりをさせる。
自力解決	2　計算の方法を考え，実際に計算をしてみる。 　・kgをgに直して計算してみよう。 　　1360＋2410＝3770 　　3770g＝3.77kg 　・同じ位同士をたして計算してみよう。 　　1＋2＝3　　0.3＋0.4＝0.7 　　0.06＋0.01＝0.07 　　3＋0.7＋0.07＝3.77 　・筆算の形で，計算してみよう。 　　　1.36 　　＋2.41 　　　3.77 　・0.01を単位に整数に直して計算を考えよう。 　　0.01が136＋241＝377 　　0.01が377で3.77 　・どうしてよいか見当がつかない。	○自力解決の際，次のように机間指導を行う。 　・1巡目：計算の方法を考えているか，素早く確認する。 　・2巡目：計算の方法に気がつかない児童を中心に個別指導を行う。既習事項の確認や，小数の相対的な大きさから整数に直して考えることなど，次のようなヒントカードの提示をする。 1.3＋2.4ならできるね 0.01を単位にすると 1.36は136 2.41は　？ 　・3巡目：できた児童には，他の方法を考えさせる。発表する児童を指名し，準備を指示する。

第8章　数学的な考え方を育てる授業モデル

発表・検討	3　計算の仕方を発表する。 　ア　1360（g）＋2410（g） 　　＝3770（g） 　　3770gは3.77kg 　イ　0.01を単位にすると， 　　1.36は136，2.41は241 　　136＋241＝377 　　0.01が377個で，3.77 　ウ　整数の部分や小数の同じ位同士をたし算すると， 　　1＋2＝3 　　0.3＋0.4＝0.7 　　0.06＋0.01＝0.07 　　全部合わせると，3.77 　エ　筆算の形にすると， 　　　1.36　　　　136 　　＋2.41　　　＋241 　　　3.77　　　　377 4　発表について，違いや共通することを話し合う。 ・アのkgをgに直して考えると，整数のたし算と同じようにできる。単位を変えるところが難しい。 ・イの0.01を単位にすると，整数の計算になる。 ・ウの整数同士をたすことや，同じ位の小数をたすことは，エの筆算の方法で，位をそろえることと同じだ。 ・エの筆算も整数のたし算の場合と同じように計算している。	○指名した児童に発表させる。 ○同じ考えの児童に，ネームカードを貼るようにし，発表する児童の内容を補うようにさせるなど，児童の発言の機会を増やす。 ○発表の内容から数学的な考え方などの確認をしていく。 ○この段階では，ア～エの方法に優劣をつける必要はないが，それぞれの考え方の筋道が通っているか確認するようにする。 ・アは，重さの単位を変えることにより，小数を整数にして計算を考えていることを確認する。 ・イは，0.01を単位に相対的な大きさを考え，整数として計算したことを確認する。 ・ウは，たし算では同じ位同士を計算することをもとにしていることを確認する。 ・エは，筆算の形式を活用し，ア～ウの方法を筆算形式にしたことを確認する。 ・ウの，0.06＋0.01や筆算形式の$\frac{1}{100}$の位の6＋1の部分についての計算の考え方を明確にするように助言する。 ○小数第2位同士のたし算でも整数に直して考えていることや，整数のたし算の方法を生かすことができることを確認する。 ○アは0.001を単位にして整数に直したと考えることができることを指導し，次の問題につなげる。

79

適用	5 小数第3位同士のたし算の類題の計算の仕方を考える。	
	発表された計算の方法を生かして，1.326＋3.251の計算の方法を考えましょう。	
まとめ	○発表された方法の中から選んで計算してみる。 ・0.001を単位にして整数に直して計算してみよう。 ・同じ位同士をたしていこう。 ・筆算形式でやってみよう。	○どのやり方をしているか机間指導によりチェックする。 ・機械的に整数に直すということにならないように，整数と見る考え方を明らかにするよう助言する。 ○1.36＋2.41でつまずいた児童を中心に個別指導をする。
練習	6 計算練習をする。 ○小数第2位同士で2.47＋3.68など繰り上がりのある場合や，小数第3位同士で45.768＋18.456など繰り上がりのある場合なども練習する。	○練習問題をさせながら，これまでにつまずいた児童を中心に机間指導で素早くチェックし，間違っている場合にはすぐに指導し，正しく計算ができるようにする。

⑤ 指導上の留意点

1) この指導案では教師の机間指導の回数を増やし，児童の状況をこまめに把握するなど，素早い評価と支援を何度も行うようにした。また，児童の発言の機会を増やすなど，少人数指導にすることの効果を高めるようにした。

2) 数学的な考え方に関して，本時の小数のたし算の段階では，「0.01や0.001を単位にして小数を相対的に見て整数として計算する」という考え方でまとめる扱いをあえてしなかった。次時から扱う小数のたし算とともに，特に，ひき算をする中で，単位の考え方は必然的に使われるようになるので，児童自身に気付かせるためである。

また，同じ位同士をたす方法については，筆算形式で計算をしていく中で，生かされると考えた。特に，次時で扱う，桁数の違う小数のたし算の筆算をする場合は小数点の位置（位）をそろえることが必要である。さらに，筆算形式は計算の考え方や方法を形式化したものととらえられるよう指導することを意図した。

(阿部　卓)

4　習熟度別指導のモデル指導案

(1) 習熟度別指導とは

　習熟度別指導とは，学習内容の理解や習熟の程度に応じて，興味・関心も加味しながら，学習集団（コース別）を編成し，教材や指導方法を工夫し，個に応じたきめ細かい指導を進め，どの児童も確実な理解・定着と進歩をめざす指導体制である。

(2) コースの設定

　習熟度別指導を進める場合，児童の理解の状況や習熟の程度を把握することから始める。把握の仕方には，いくつかの方法が考えられる。

　その１つに単元導入指導前の事前テストがある。「レディネステスト」，「チェックテスト」，「診断的評価」などと名前をつけている例もある。ただし，これから学習する内容について，どの程度の学習体験や理解があるかをとらえるプレテストとは区別して考える必要がある。そのレディネステストの結果をもとに，

　　Ａコース（優れている，発展内容）
　　Ｂコース（普通，中間，練習，習熟）
　　Ｃコース（もう少し，遅れている，復習，基礎）

などの習熟度別に３コースを設定することが多い。

　これも学校により，ＡＢＣを

　　「発展コース」「基礎・発展コース」「基礎・基本コース」
　　「がっちりコース」「ぐんぐんコース」「しっかりコース」
　　「海コース」「山コース」「空コース」
　　「つつじコース」「ひまわりコース」「さくらコース」

など，分かりやすく表現したり，児童になじみの深いもの，優劣を感じさせないような名前で表現したりしている例が多い。

　習熟度別コースの指導では，教科書の内容を通常の学習の基本としておき，

　　Ａ（同じ問題でも，一般化や定型化，普遍化を目標に自力解決させる。）
　　Ｂ（主に教科書の内容を習熟させ，応用まで考えさせる。）
　　Ｃ（同じ内容を，算数的活動などを増やしながら，時間をかけて理解，習熟させる。）

のようなコース分けをして，数学的な考え方を育てていく。

(3) 習熟度別指導の形

　習熟度別指導では，下図の①のように習熟度に応じて3コースを展開していく場合と，同じく②のように理解に時間のかかる児童を重点にして展開していく場合とがある。児童の実態や指導内容に応じて取り入れるようにする。

①基本形

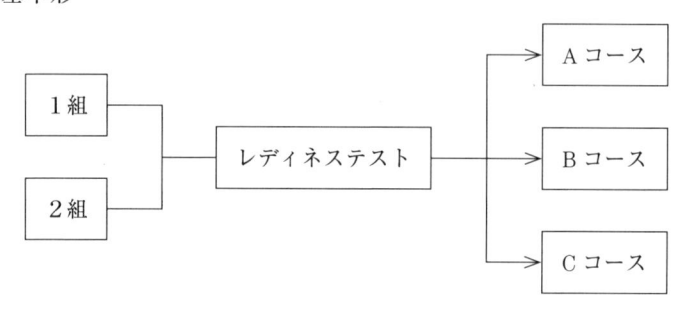

```
┌─────┐
│ 1組 │┐
└─────┘│       ┌──────────────┐    ┌─ A コース
        ├──────┤ レディネステスト ├──┼─ B コース
┌─────┐│       └──────────────┘    └─ C コース
│ 2組 │┘
└─────┘
```

②C（補充学習）コース重点形

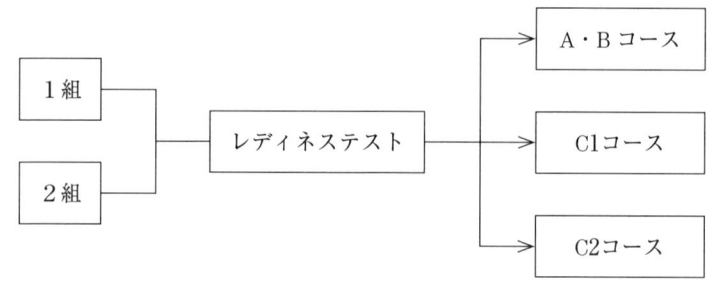

```
┌─────┐
│ 1組 │┐                              ┌─ A・B コース
└─────┘│       ┌──────────────┐      │
        ├──────┤ レディネステスト ├───┼─ C1コース
┌─────┐│       └──────────────┘      │
│ 2組 │┘                              └─ C2コース
└─────┘
```

(4) 保護者へよさを通知し，理解を得る

　習熟度別指導コースにおける指導は，学級担任による学習指導ではない。加配の教員を入れて，2学級を3展開，3学級を4展開など，学級数＋1のコースなどをつくり，それぞれの指導をするのである。そして，児童が習熟度別に分かれる意味やねらいを事前に保護者に伝えて，理解と協力を得ることが必要である。習熟度別指導は保護者の小学校時代にはほとんど見られなかった指導方法であるため，保護者もなかなかイメージがわかず，なかには「差別ではないか」，「児童が自信を失う」，「同じ学習内容を受けられるのか」，「成績が低くつけられるのではないか」などと心配する声も出るほどである。十分に配慮する必要がある。

そこで，校長や学年主任による，年度始めの全体保護者会や，「学年だより」，「算数だより」などで，習熟度別指導の進め方を説明し，以下のよさを強調することが必要である。

- 児童の理解や技能の習熟の程度に応じて，分かるまでていねいな指導を受ける機会が増えるよさ。
- 多くの児童と友だち関係が結べるようになり，社会性や豊かな人間関係が育てられるよさ。
- 学級の枠を超えて多くの教師とのかかわりが増え，多くの眼で児童のよさを見ていくことができるよさ。

また，授業を積極的に公開し，児童が生き生きと活動する場面，コース同時の指導の比較，進歩していく状況を実感させていくことが大切である。

(5) **コースの選定**

コースは，レディネステスト（実態調査）によって編成される。コース分けでは，児童の選択を優先させたい。しかし，児童の選択が実態把握と著しく異なるときには，相談し，納得したうえで変更させる。

①児童がコースを選択，教師が実態を見て相談にのる
②児童がコースを再度考えて選択し，保護者にも選択確認を取る
③教師がコースを発表する

というような段階を踏むのがよい。

(6) **コース授業計画の流れ**

基本的にはすべてのコースの目標（指導内容）と問題は同じである。指導の方法，学習の方法に工夫をし，問題解決にあたらせる。Cコースについては，既習事項の確認や，ヒントカードや，正解への導き指導を要することもある。

①学習内容概観・コースの紹介（各学級）
②レディネステスト実施（各学級）
③コース選択・コース決定
④習熟度別コースによる授業の展開（Aコース，Bコース，Cコース）
⑤まとめの確認テスト
⑥まとめのコース変更（D　復習コース）（E　習熟発展コース）（F　発展コース）

(7) 習熟度別指導計画（例）

単元名：第３学年「あまりのあるわり算」（全10時間）

	時間	主な学習活動		
		Aコース	Bコース	Cコース
	1	レディネステスト		
習熟度学習1	2 わり算のあまりの意味	・あまりのある場面を生活の中から探して，発表する。 ・集まりゲームなどをし，あまりに着目する。 ・乗法九九を使って答えを出すことのできないわり算の解き方を，既習事項と結びつけて考える。	・あまりの意味について，具体物を用いて考える。あまりのある場合をわり算の式を使って表すことができる。 ・あまりのある場面を生活の中から探して，発表する。	・あまりが出ることに気付く。具体物を用いて考える。 ・あまりのある場面を生活の中から探して，発表する。
	3 あまりのあるわり算	・あまりのあるわり算の仕方を自力で考える。 ・図や式や言葉で友だちに考えを説明したり，友だちの考えと比べたりして，学び合いの中で理解する。	・乗法九九を１回適用する除法の計算の仕方を，具体物を使って考える。 ・自分の考えや答えを図や式や言葉を使って発表する。	・乗法九九を１回適用してできる除法で，あまりのある場合の計算の仕方を具体物を使って考える。 ・自分の出した答えを図や式や言葉を使って発表する。
	4	チェックテスト		
習熟度学習2	5 あまりとわる数	・あまりの数と除数との大小関係に着目し，あまりは必ず除数より小さくなることを「わり算カード」を使ったり，式を並べたりして見つける。 ・気付いたことを発表し，まとめる。	・被除数とあまりの関係について考え，被除数が１増えると，あまりも１増えることに気付く。 ・また，あまりは除数より大きくならないことに気付く。 ・発表したりまとめたりする。	・被除数とあまりの関係について間違った事例から考え，あまりは除数より必ず小さくなることに気付く。

習熟度学習2	6 わり算の確かめ	・あまりのあるわり算の答えを確かめる方法を自力解決で考えられる。 ・除数と被除数とあまりの関係について説明できる。 ・あまりのあるわり算の計算問題を解き，確かめ算に進んで取り組む。	・あまりのあるわり算の答えを確かめる方法を考えられる。 ・除数と被除数とあまりの関係について互いに発表し合える。 ・あまりのあるわり算の計算問題を解き，確かめ算に取り組み習熟する。	・あまりのあるわり算の計算について確かめ算の仕方を考えられる。 ・除数と被除数とあまりの関係に着目し考える。 ・あまりのあるわり算の計算問題を解き，確かめ算に取り組む。
	7 あまりの処理	・問題場面からあまりを切り上げる処理の仕方に自ら気付く。 ・あまりを切り上げる場面の適用問題を作成する。	・わり算のあまりを，問題場面から切り上げて処理した数が答えであることを考え，理解し活用できる。 ・進んで図や式や言葉などで表し，説明することができる。	・わり算のあまりを，問題場面から切り上げて処理した数が答えであることを知り，理解する。 ・進んで図や式や言葉などで表すことができる。
	8 あまりの処理	・問題場面からあまりを切り捨てる処理の仕方に自ら気付く。 ・あまりを切り捨てる場面の適用問題を作成する。	・わり算のあまりを，問題場面から切り捨てて処理した数が答えであることを考え，理解し活用できる。 ・進んで図や式や言葉などで表し，説明することができる。	・わり算のあまりを，問題場面から切り捨てて処理した数が答えであることを知り，理解する。 ・進んで図や式や言葉などで表すことができる。
	9 練習	あまりのあるわり算の計算練習や適用問題を解き，習熟する。		
	10	まとめのテスト 必要に応じて補充（復習）指導をする。		

⑻ **本時の展開**

　習熟度別指導においても，学級担任が指導する場合や少人数指導の場合と指導の原理は基本的に同じである。Aコース，Bコース，Cコースの実態に応じて，展開の特徴を示すと下表のようになる。これを踏まえて，本時の展開案を作成するとよい。

習熟度別指導の授業展開例（1単位時間）

発展（A）コース	習熟（B）コース	基礎（C）コース
● 問題①	☆ 導入	◆ 既習事項の復習
自力解決・検討・まとめ	● 問題①	☆ 導入
※ 問題②（適用）	自力解決・検討・まとめ	● 問題①
□ 問題③（応用）	※ 問題②（適用）	自力解決・検討・まとめ

（小島宏（2004）『学力を高める算数科の授業づくり』教育出版 p.69より引用）

（黒田　泰正）

第9章　数学的な考え方を育てる授業実践例

実践例 1　第1学年の「たし算」

1. 単元の目標および観点別評価規準

目標：1位数同士の繰り上がりのある加法の計算の仕方を考え，理解し，確実にできるようにするとともに，それを用いることができるようにする。

【関心・意欲・態度】　既習事項を用いて1位数同士の繰り上がりのある加法の計算の仕方を考えようとする。また，それを用いようとしている。

【数学的な考え方】　2位数同士の繰り上がりのある加法の計算の仕方を考え，操作や言葉などを用いて表現したり工夫したりしている。

【技能】　1位数同士の繰り上がりのある加法の計算が確実にできる。

【知識・理解】　繰り上がりのある加法の計算の仕方を理解している。

2. 指導計画・評価計画（全12時間）

時間	目　標	学習活動	主な評価規準
(1) 9＋4のけいさん（5時間）			
1	1位数同士の繰り上がりのある加法で，加数分解して計算する方法を理解する。	・「あわせてなんこ」を求める場面であることから，加法であると判断し，立式する。 ・9＋4の計算の仕方を考える。	関既習の加減計算や数の構成をもとに，9＋4などの計算の仕方を考えようとしている。 考9＋4などの計算の仕方を考え，具体物の操作や言葉などを用いて説明することができる。

時	ねらい	学習活動	評価
2		・加数分解による計算方法をまとめる。 ・加数分解の方法で9＋3の計算をする。	
3	○前時までの学習を踏まえ，1位数同士の繰り上がりのある加法で，加数を分解して計算する方法の理解を確実にする。	・被加数が8の場合の計算の仕方を考える。 ・加数分解すると，10のまとまりがつくりやすいことについてまとめる。	技加数分解による計算が確実にできる。 知理被加数が8～5の場合でも，10のまとまりをつくればよいことを理解している。
4		・被加数が9，8の場合の計算練習に取り組む。	
5		・被加数が7の場合の計算の仕方を考える。 ・計算練習に取り組む。	

(2) 3＋9のけいさん（2時間）

時	ねらい	学習活動	評価
1	○1位数同士の繰り上がりのある加法で，被加数を分解して計算する方法（被加数分解）があることを知り，計算の仕方についての理解を深める。	・場面から加法であると判断して，立式する。 ・3＋9の計算の仕方を考える。 ・被加数を分解した方が10のまとまりをつくりやすい場合もあることをまとめる。	考被加数，加数の大小に関係なく，10のまとまりをつくることに着目して計算の仕方を考え，言葉やブロック操作などによって説明している。 知1位数同士の繰り上がりのある加法の計算は，10のまとまりをつくればよいことを理解している。
2		・計算練習に取り組む。 ・文章題を解決する。	

(3) かあどれんしゅう（5時間）

時	ねらい	学習活動	評価
1～5（本時）	○加法の計算能力を伸ばす。	・計算カードを用いたいろいろな活動を通して，繰り上がりのある1位数同士の加法の計算の練習をする。	技1位数同士の繰り上がりのある加法の計算が確実にできる。

第9章 数学的な考え方を育てる授業実践例

3．本時の指導（全12時間中の8～12時間目）

(1) **ねらい** 答えが同じになるたし算の式を工夫して見つける。
　　　　　　□+□=11になるたし算の式を考える。

(2) **展開**

	学習の流れと主な発問	☆評価　○支援　・指導上の留意点
課題をつかむ	1　課題をつかむ。 ・繰り上がりのあるたし算をカードで練習する。 　□+□=11になる式を見つけよう。	・6+5=11, 7+4=11のカードを黒板に貼る。
見通しをもつ	T：この式はどういう式かな。 C：2つの数をたしたら答えが11になる式です。 C：いろいろな数が□に入りそう。 T：□には，1～9までの数を入れることができます。 C：9+2が入る。 C：まだ，他にもあります。たくさんあるよ。 T：そうだね。まだありそうだね。では，□+□=11になる式を見つけてみよう。	・9+2=11の式をカードに書いて貼る。 ・例を黒板に貼り，式を見つける活動であることを確認する。
解決をする	2　□+□=11の□に入る数を考えて式を見つける。 6+5=11　　5+6=11 7+4=11　　2+9=11 3+8=11　　8+3=11 9+2=11　　4+7=11	☆□+□=11になる式を見つけることができる。 ○バラバラにノートに記入している児童には，他にもないか確かめさせる。 ○順に考えていた児童には，説明を書かせる。
	3　□+□=11の見つけた式を発表する。 C：私は8+3=11を見つけました。 T：8+3は，どうやって見つけたの？　8+3を見つけた人はわけを聞かせてください。	3+8=11　5+6=11 2+9=11 ○どんな方法で見つけたのかを発表させる。

発表・検討をする	C：たされる数が6，7，(8)，9と1ずつ増えていって，たす数が5，4，(3)，2と1ずつ減っているから7＋4の次には8＋3がきます。	○カードに8＋3と書いて 　6＋5＝11 　7＋4＝11 　　　　　←ここに入れる 　9＋2＝11
	C：繰り上がらないたし算やひき算のカードや10までの数のときにやったよ。	○以前の単元のときのことを思い出させる。
	T：他にもありますか。	
	C：5＋6，4＋7，2＋9があるよ。	☆工夫して答えが11になる式を見つけようとしている。
	T：それはどうやって見つけたの。	
	C：反対だから。	
	T：何が反対なのか隣の人と話し合ってごらん。	
	C：6＋5のたされる数とたす数の順番を逆にすると5＋6になって，前にやった3＋2の答えと2＋3と同じだから。	○たす数，たされる数など学習した言葉をできるだけ使って説明できるようにさせる。
	T：なるほど。では，この3つもカードに並べてみよう。 　6＋5＝11　　5＋6＝11 　7＋4＝11　　4＋7＝11 　8＋3＝11　　2＋9＝11 　9＋2＝11	○意図的に出された3つのカード（5＋6，4＋7，2＋9）を9＋2の後に並べる。
	C：その並べ方よりもっとよい並べ方があるよ。	○順序よく考えていく方法を取り上げていく。
	C：さっき，たされる数が6，7，8と大きくなったんだから，5，4，3と小さくなっていくように並べていくと見やすいよ。 　2＋9＝11　　7＋4＝11 　4＋7＝11　　8＋3＝11 　5＋6＝11　　9＋2＝11 　6＋5＝11	○発表した児童でなく，同じことを考えた児童に並べ替えさせる。

発表・検討をする	C：あ，1つ抜けているよ。 C：本当だ。順番になっていない。 C：まだ，3＋8があるよ。 T：3＋8はどこに入れたらいいかな？ C：2＋9＝11と 4＋7＝11の間に入れるといい。 T：なぜ？ C：たされる数とたす数の順番を逆にする。8＋3の逆は3＋8だから。 C：そうすると2，3，4，5とたされる数が1ずつ増えていくよ。 C：たす数も9，8，7，6と1ずつ減っていくよ。 C：まだ，1＋10がある。 C：本当だ。でも1から9までの数を使うのだから10という数は使ってはいけないからだめだよ。 C：全部で8枚あったね。 T：これで□＋□＝11の式は全部見つけられたね。他の式でも見つけられるかな？ C：できるよ。9＋3＝12。 T：9＋3＝12ということは□＋□＝12という式がいくつあるか考えればいいのかな。 T：できそうかな？ C：さっき考えた「逆にする方法」と「並べて1ずつ増えたり減ったりする方法」で考えればすぐにできるよ。 4　□＋□＝12の見つけた式を発表する。 　3＋9＝12　　7＋5＝12 　4＋8＝12　　8＋4＝12 　5＋7＝12　　9＋3＝12 　6＋6＝12	○様々なつぶやきを拾い「なぜ？」につなげる。 ○自分の考え方を根拠をあげて表現させる。 ○カードに1＋10と書いて並べさせるが，なぜ入らないのかわけを考えさせる。（0から9までとすれば1＋10，10＋1が入らないことを知らせる。） ○児童の発表を課題に変えて考えさせる。 ☆□＋□＝11の学習から類推して，□＋□の答えが12以上の答えになるたし算の式を考える。 ○「逆にする方法」と「並べて1ずつ増えたり減ったりする方法」で考えれば，すぐにできること，簡単に見つけられることを経験させる。

	C：このやり方だと正確だね。 C：7つの式が見つかったね。	
まとめる	5　学習のまとめをする。 C：□+□＝11の式を見つけるときは「逆にする方法」と「並べて1ずつ増えたり減ったりする方法」でさがすと見つけやすいよ。	○自分の言葉でノートに書かせる。 ○キーワードになる言葉は，黒板に書いておく。

(鈴木　雅恵)

実践例 2　第1学年の「ひき算」

1．単元の目標および観点別評価規準

○(11〜18)−(1位数)の式で，繰り下がりのある減法の計算の仕方を理解し，用いることができる。

関心・意欲・態度	数学的な考え方	技能	知識・理解
○繰り下がりのある減法の計算の仕方について，ブロックなどを用いた活動を通して考えようとしている。	○既習の減法の考え方や10のまとまりに着目して，繰り下がりのある減法の計算の仕方を考えることができる。	○繰り下がりのある減法の計算ができる。	○繰り下がりのある減法の計算の仕方を理解する。

2．数学的な考え方を育てる授業の工夫

(1) 指導の工夫

①学習形態の工夫

　自力解決の時間を十分にとるとともに，グループや学級全体で話し合う場面を設定し，多様な解決方法を知ったり，個人の考えを深めたりする機会を増やす。

②教具の工夫

　既存のノートではなく，学習シートを作成し，児童の考えを自由に書けるようにスペースを確保した。また，その学習シートを既習事項として活用できるようにのり付けしてまとめる。

③掲示の工夫

　既習事項として，教室の壁面に児童の作品を掲示し，授業の導入で用いたり，つまずきのある児童にヒントとして活用させたりする。

(2) 評価の工夫

①単元の初めに児童の学習状況をつかむために，レディネステストを行う。

②座席表を活用した評価カードを作成する。考え方，表現の仕方の記録がしやすいように観点に○をつけたり，メモしたりする。

例　本時（全11時間中の1時間目）
「㋁繰り下がりのある減法の仕方を考えることができる。」

ア　10のまとまりをつくらずに数えひきをする。(C6)
イ　10のまとまりをつくり，10の方から数えひきをする。(C7)
ウ　10のまとまりをつくり，2の方から数えひきをする。(C8)
エ　減加法「ブロック図」(C9)
オ　減加法「計算の仕方図」(C10)
カ　減々法「ブロック図」(C11)
キ　減々法「計算の仕方図」(C12)
ク　補加法　9はあといくつで12になるか。(C13)
ケ　どう考えたらよいか分からない。(C14)

A児	B児
エ→オ　説明○ （減加法をブロック図，計算の仕方図の両方で説明できている。）	イ→エ→オ （助言をすることで，減加法の仕方を説明できるようになった。）
C児	D児
ア→カ （10のまとまりをつくることで減々法の仕方ができた。）	ケ→ア　個別 （10のまとまりをつくるように，個別指導が必要）

③授業後に児童の学習シートをチェックする。本時の評価規準に達しているか確認し，次時の指導・支援の手だてを考える。

(3)　指導案の工夫
①評価規準を明確にし，評価規準を達成するための支援や，評価規準を達成している児童への支援を考えた。
②予想される児童の反応を多く考え，その支援を考えた。

3．指導計画・評価計画（全11時間）

時間	学習のねらい	主な評価の観点と評価規準・評価の方法	☆評価規準を達成するための支援 ◇評価規準を達成している児童への支援
1 (本時)	繰り下がりのある減法について，ブロックや図を用いて考える。	㋁繰り下がりのある減法の仕方を考えることができる。	☆今までに学習してきたこと，ブロックを用いたり，図にかいて表現したりするなど，問題解決できるようにする。

	12−9	・行動観察，発言，学習シート	◇自分の計算の仕方を，ブロックの動きと対応させながら説明できるようにする。
2	減加法による計算の仕方のよさに気付き，その仕方を使って計算する。 12−8	㊡被減数を10といくつかに分け，減加法の考え方で計算している。 ・行動観察，発言，学習シート	☆10のまとまりから先に引けば分かりやすいことを，ブロックを動かしながら考えさせる。 ◇減加法の考え方を説明できるようにする。
3	減々法による計算方法のよさに気付き，その方法を使って計算する。 11−3	㊡被減数や減数を分解し，減々法の考え方で計算している。 ・行動観察，発言，学習シート	☆10のまとまりとばらにブロックを分けさせて，ばらからブロックを取って，次はどうするのかを考えさせる。 ◇減々法の考え方が説明できるようにする。
4	既習事項を用いて減法の計算の仕方を考えることができる。 17−9	㊢減加法，減々法を用いて，繰り下がりのある減法の計算の仕方を考えることができる。 ・行動観察，発言，学習シート	☆減加法，減々法を振り返りながらブロックを用いた活動を通して考えさせる。 ◇減加法，減々法を「ブロック図」や「計算の仕方図」で説明できるようにする。
5	繰り下がりのある減法の計算ができる。	㊡減加法や減々法の考えを使って，繰り下がりのある計算をしている。 ・発言，学習シート，練習プリント	☆ブロックを用いて，減加法と減々法を使えるように助言する。 ◇減加法や減々法のやりやすい方法で正確に計算できることを確認させる。
6	文章題を読み取り，減法であることを理解し，立式して答えを求めることができる。	㊡問題の意味を正しくとらえ，立式して答えを求めている。 ・発言，学習シート	☆問題場面をブロックを用いながら表現するように助言する。 ◇問題場面を図やブロックを用いて説明できるようにする。
7	12−5の問題づくりを通して，減法の意味の理解を深める。	㊣問題場面や計算の仕方が，文・図・ブロック図などを用いて正しくかけている。 ・発言，作品	☆これまでどんな問題があったかを振り返り，考えさせる。 ◇求残，求差など違う文章題がつくれるようにする。

8	繰り下がりのある減法のカードをつくって練習する。	㊡カードの裏に，正しく答えが書けている。 ・発言，カード	☆間違えやすい計算を繰り返し行う。 ◇計算が正確にできることを確認させる。
9・10	カードゲームを通して，同じ答えのカードを集めたり，被減数や減数をそろえて並べたりして，気付いたことを発表する。	㊡規則的に並べたカードから，ひき算のきまりを考えることができる。 ・発言，行動観察	☆同じ答えのカードがあることを確認したり，被減数や減数に着目させたりする。 ◇気付いたことを分かりやすく説明できるように助言する。
11	既習事項の理解を深める。	㊡繰り下がりのある減法の計算ができる。 ・練習プリント	☆分からないところは，ブロックを動かしながら問題を解決する。 ◇繰り下がりのある減法の計算を正確にできるように復習する。

4．本時の学習活動（全11時間中の1時間目）

(1) ねらい

繰り下がりのある減法の計算の仕方をブロックや図を用いた活動を通して考える。

(2) 展開

主な教師の発問と学習活動	□評価規準　☆と◇支援　・留意点
1　課題をつかむ。 　おりがみが12まいあります。□まいあげました。おりがみは，なんまいのこっていますか。 T：この問題は，何算でしょうか。その理由は？ C1：ひき算です。「のこっていますか」だからです。 T：では，この□の中に，1を入れます。 T：式は分かりますか。 C2：12－1です。 T：答えはいくつですか。	・これまでの学習を振り返って自力解決ができるように，たし算での考え方を掲示しておく。 ・全員に式を書かせてから，ひき算とした根拠を話し合わせる。

第9章 数学的な考え方を育てる授業実践例

C3：11です。 T：それでは，今度は，□の中に2を入れます。のこりは何枚ですか。 C4：式は，12－2です。答えは，10枚です。 T：今度は，□の中に，9を入れます。のこりは何枚ですか。式は分かりますか。 C5：12－9です。	・既習の計算から入ることで，問題場面をとらえさせるとともに，新しい計算へのイメージをもたせる。
2　12－9の計算の仕方を考える。 T：12－9の計算の仕方を考えましょう。	㋕繰り下がりのある減法の仕方を考える。 　10のまとまりをもとに既習の計算を使って考え，説明することができる。
C6：10のまとまりをつくらずに数えひきをする。 　1 2 3 4 5 6 7 8 9 　[/][/][/][/][/][/][/][/][/][ ][ ][ ]	・10の区切りのある「おはじきばん」を全員に渡しておく。 ☆10のまとまりをつくらずに数えひきをする児童（C6） ・すぐに12個と分かる並べ方が工夫できないかをたずね，10のまとまりを意識させる。
C7：10のまとまりをつくり，10の方から数えひきをする。 　[/][/][/][/][/][/][/][/][/][ ]　[ ][ ] 　1 2 3 4 5 6 7 8 9	☆10のまとまりをつくり，10の方から数えひきをする児童（C7） ・減加法につながる数え方であるので，「10から9取ると残りは？」と考えさせる。
C8：10のまとまりをつくり，2の方から数えひきをする。 　[/][/][/][/][/][/][/][ ][ ][ ]　[/][/] 　9 8 7 6 5 4 3　　2 1	☆10のまとまりをつくり，2の方から数えひきをする児童（C8） ・減々法につながる考え方でまず2をひいて，次に10から7をひく，ということを意識させる。
C9：減加法　「ブロック図」 　←[ ][ ][ ][ ][ ][ ][ ][ ][ ]　[ ][ ][ ] 　　　　　9　　　　　のこり3 12を10と2に分け，10から9ひいて1，1と2で3	◇減加法の考え方で計算ができた児童（C9，C10） ・自分の計算の仕方を説明できるようにするとともに「ブロック図（C9）」「計算の仕方図（C10）」の両方で説明できるようにさせる。
C10：減加法　「計算の仕方図」 　12－9　　　10－9＝1 　2　10　1　　1＋2＝3 　　　3	

C11：減々法　「ブロック図」 □□□ □□□□□□□ ⇒ □□ ⇒ のこり3　　　7　　　　2 12の一の位の2だけをひき，次に9のうちのまだひきたりない7を10からひいて3 　 C12：減々法　「計算の仕方図」 　　12-9　　　12-2=10 　10　2　7　　10-7=3 　　　3 　 C13：補加法　9はあといくつで12になるか。 　　　9+□=12 　 C14：分からない。	◇減々法の考え方で計算ができた児童（C11，C12） ・自分の計算の仕方を説明できるようにするとともに「ブロック図（C11）」と「計算の仕方図(C12)」の両方でお話しできるようにさせる。 ☆どう考えたらよいか分からない児童（C14） ・10の区切りがある「おはじきばん」を用いてブロックを一緒に動かす。 ・自分がどの計算の仕方でやったのかを確認し，理解できているか確認する。
3　みんなの前で，自分の考えを発表したり，友だちの考えを聞いたりして，比較しながら考える。 C15：12を10と2に分けておくと，見やすいし，分かりやすいね。 C16：10のまとまりから先にひくと，9がまとめてひけるから簡単だと思いました。 C17：ひき算だけど，初めにひいてから次にたすんだね。 C18：「ひく・たす」と「ひく・ひく」などいろいろな計算の仕方があるんだね。	・あてはめ問題で計算の仕方を理解しているかを確認し，次時以降の授業に生かす。
4　あてはめ問題を解く。 T：12-9でやった自分の計算の仕方や友だちのやった計算の仕方で，よいと思った計算の仕方でできるかどうか，13-9で確かめてみましょう。 T：次の時間には，それぞれの計算の仕方のよいところを使って，計算してみましょう。	

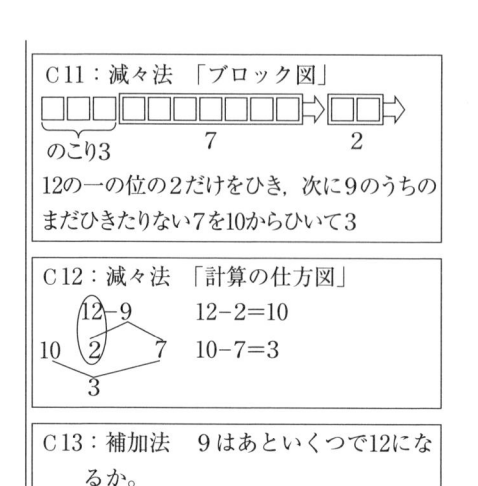

5．数学的な考え方を育てる視点からの成果と課題
(1) 成果
○既習事項「繰り上がりのある加法の計算」でも自分で考えた計算の仕方を書くように行ってきた。それにより，自分で考えた計算の仕方を学習シートに表現しようとする意欲が高まった。

○減加法や減々法など，次時以降で詳しく学習する計算の仕方を取り上げることができた。また「説明コーナー」を設けたことにより，そこで自分の計算の仕方を友だちに説明することができた。

○クラス全体に発表するときに，自分の計算の仕方を順序立てて伝えようとしていた。

○友だちの計算の仕方を聞いた後に，理解が不十分な児童を集めて，分からないところを再度説明するなどの支援をしたことで，あてはめ問題の段階ではできるようになった。

(2) 課題
△10のまとまりを意識させようと「おはじきばん（盤）」を用いたが，児童の自由な発想を妨げることになった。

△計算の仕方を考える場面で，最初にブロックを用いた活動を一緒に行い，何をどのように書いてよいか分からない児童の支援をすべきであった。

△理解はできているが文章に書くことができない児童への支援が必要であった。隣りの児童と意見を交換するなどの支援や，どこが分からないかを把握するための「支援コーナー」，グループ学習の機会などを設けるとよかった。

△本時のように，自分の考えを伝えることができるようになるためには，既習事項を振り返るとともに，図にかく活動を多く取り入れていきたい。そして，その説明を繰り返し行い，文章で書けるようにつなげていくことで数学的な考え方を育てていきたい。

〈参考文献〉
・小島宏（2005）『算数授業　つまずきの原因と支援』教育出版
・小島宏（2008）『算数科の思考力・表現力・活用力』文渓堂

（安部　正義）

実践例 3　第2学年の「長さ」

1．単元の目標および観点別評価規準

(1) **目標**

長さの比較や測定などの体験的な活動を通して，長さの意味や測定の仕方について理解し，適切な単位を用いて長さを測定し，表すことができる。

(2) **観点別評価規準**

【関心・意欲・態度】
- 身の回りのものの長さに関心をもち，見当をつけて測定しようとする。

【数学的な考え方】
- 普遍単位の必要性に気付き，長さの表し方を考えている。
- 十進位取り記数法をもとにして，1つの単位から別の新しい単位をつくることができることに気付き，長さの表し方を考えている。

【技能】
- 長さの単位（mm，cm，m）を用いて身の回りの具体物の長さを測定し，表すことができる。
- ものさしの使い方を理解し，適切に用いて測定することができる。

【知識・理解】
- 長さの単位（mm，cm，m）と測定の仕方を理解している。
- ものさしの目盛の仕組みと用い方を理解している。

2．指導内容の前後関係

本単元の学習に関連する「量と測定」領域の主な学習内容は，101ページの表の通りである。

1学年では，長さや体積を直接比べる活動や，身の回りにあるものの大きさを単位としていくつ分かで大きさを表す学習をする。2学年では，長さと体積，時刻についての普遍単位について学習する。「あるものをもとにしていくつ分

で表すと大きさを表したり比べたりすることができる」という1学年の既習事項をもとに，「世界共通の単位」としてcmを学習する。また，1cmより小さい単位mmの学習では，1学年から学習している十進位取り記数法が生かされる。あるものをもとにしていくつ分で表すという単位の学習は，後に学習する「かけ算」や「割合」の学習にもつながる考え方である。

このように，量と測定の学習は他の単元の学習と密接にかかわっているため，授業前に系統について整理しておくとよい。

第1学年	第2学年	第3学年	第4学年	第5学年	第6学年
量の大きさの比較	長さと体積の単位と測定 (mm, cm, m) (mL, dL, L)	長さと重さの単位と測定 (km) (g, kg, t)	面積の単位と求め方 (cm^2, m^2, km^2) (a, ha)	三角形，平行四辺形，ひし形，台形の面積の求め方	円の面積の求め方
時刻の読み方		時刻の単位（日，時，分）	計器による測定	立方体，直方体の体積の単位と求め方 (cm^3, m^3)	角柱，円柱の体積の求め方
			時刻の単位（秒）		メートル法の単位の仕組み
			角の大きさの単位（度）		

3．単元の指導について
(1) 指導の工夫

2学年の長さの学習は，主に「⑴普遍単位cmの導入，1cmより小さい単位mm」「⑵1mを超える長さ」に分かれている。本実践は⑴である。

本実践では，短冊作りをする際に，縦の長さをどのように設定するかを話し合わせ，「クラス全員が同じ長さの短冊を作るにはどのようにしたらよいか」という課題を提示する。この課題により，任意単位による測定の仕方には限界があることや，全員が同じ基準となる単位を用いて測定しなければならないことに気付かせたい。

(2) 算数的活動の効果的な取り入れ方
①単位をつくる学習場面

重要な価値に気付かせるときには，児童に困ったと思わせる場面を設定する

ことが大切である。この授業では,「世界共通の同じ単位がないと比較できない」ことに気付かせるために,意図的に直接比較ができない状況と,任意単位では測定不可能な状況をつくり出していく。cmは,身近な単位であるから学習前から知っている児童もいる。学習前から知っている児童でも「なぜcmという単位が必要なのか」を説明し合って理解を深めることにより,集団で学習するよさが感じられるようにしたい。

②測定の場面

　実際の測定の場面では,量についての感覚を豊かにするために,長さの予想（見当をつける）をしてから測定するという活動を重視する。この時,単純に予想するのではなく,根拠に基づいた予想ができるようにしたい。例えば,「机の横の長さはどのくらいか？」と聞かれたときに,「自分の手の大きさは10cmくらいだから,その6つ分でだいたい60cm」というような説明ができるように支援していく。

(3) 数学的な考え方の育成（思考力,表現力）

　1学年では,次のような順番で長さについて学習する。

①鉛筆のように細長いものの端をそろえて反対側の端で長さを比較する。（直接比較）

②移動することができないものについては,テープやひもにその長さを写し取り,2本の端をそろえて大きさを比較する。（間接比較）

③机の縦と横の長さのようにそろえて比べることができないものの長さを比較する。同じ長さのものをもとにして,そのいくつ分になるかを数値で表して比較する。（任意単位による比較）

　1学年の任意単位による比較においては,長さを数値化して表すことで,比較した2つの量の大きさや,違いが理解しやすくなるということを経験している。

　本単元ではその学習をもとにして,「基準となるものの大きさが同じでないといくつ分で表しても正しく比較ができない」ということに気付かせ,普遍単位の必要性を感じられるようにしていく。

4．指導計画・評価計画

①長さ(1) （全8時間）

時間	指導計画	評価計画
1	・短冊の縦の長さについて話し合い，任意単位による表し方を想起する。	関いろいろな長さの表し方を想起し，任意単位による表し方について説明しようとしている。
2 (本時)	・短冊の縦の長さの決め方について，共通の単位があると便利なことに気付かせる。 ・cmの指導	考普遍単位の必要性に気付き，その理由を説明することができる。
3	・工作用紙を用いて，身の回りのものの長さを測定する。	技工作用紙で作った計器を用いて，身の回りのものの長さを測定することができる。
4	・1cmより短い長さについての表し方を考える。 ・mmの指導	考1cmより短い長さについて，十進位取り記数法をもとに考えることができる。
5	・身の回りのものの長さを，ものさしを用いて測定する。	技ものさしを用いて身の回りのものの長さを測定することができる。
6	・直線の意味とかき方について知り，作図の習熟を図る。	技ものさしを用いてきまった長さの直線をかくことができる。
7	・長さについての文章問題に取り組む。	知長さはたし算やひき算ができることを理解している。
8	・単元のまとめの学習	知長さについての学習内容を確実に身に付けている。

②長さ(2) （全6時間）

時間	指導計画	評価計画
1	・自分の手を広げた長さを測定し，表し方を考える。	考cmよりも大きな単位があると便利なことを考えている。
2	・100cmを超える長さについての表し方を考える。 ・1mについての指導	知長さの単位mについて，cmとの関係をもとにして理解している。
3	・m，cmを用いて長さを表す。 ・長さの加法の問題に取り組む。	技測定した長さをm，cmを用いて表すことができる。

4	・1mものさしを用いて，身の回りのものの長さを見当をつけてから測定する。	知1mの長さをもとにして，測定するものの長さの見当をつけることができる。
5	・3mものさしを作り，身の回りのものの長さを測定する。	関3mものさしに合った長さのものを測定しようとしている。
6	・学習内容の定着を図る。	知1mを超える長さについての学習内容を確実に身に付けている。

5．指導の実際（全14時間中の2時間目）

(1) 本時のねらい

　普遍単位（cm）の必要性に気付き，その理由を説明することができる。

(2) 展開

学習活動	☆評価規準　○支援　・留意点
1　前時からの課題を把握する。	・前時に，短冊作りをして，七夕の願いごとを書いておく。
クラスみんなが，同じ長さになるように，たんざくの長さをきめましょう。	
T：前の時間に短冊の縦の長さを決める話し合いをしました。キャップ5つ分がよいということになりましたね。 T：同じ長さに切ったはずなのに，短冊の長さが少し違ってしまいました。キャップ5つ分なのに，なぜでしょう。	・短冊の長さがなぜそろわないのかを話し合いたいので，前時は，何かもとになるものの「いくつ分」で長さを表すことができたことを確認する程度でよい。
たんざくの長さがちがうりゆうを考えましょう。	
2　自分の考えをノートに書く。 C1：もとにしたキャップの種類が違うから。 C2：すき間をあけて測ってしまった。 C3：斜めに測ってしまった。	☆普遍単位の必要性に気付き，その理由を説明することができる。 ○思いつかない児童には，2種類のキャップを与えて考えさせる。
3　グループごとに話し合いをする。 C1：もとにしたキャップの種類が違うかもしれないので，みんなのキャップを見せてください。 C4：同じキャップじゃないと同じ長さにならないのかなあ。	・グループで話し合うことで，どの児童にも説明する機会を与える。

C5：確かめてみよう。 4　全体で話し合いをする。 C2：すき間をあけて測ってしまった人がいたのだと思います。 C3：測っているうちに斜めになってしまったのだと思います。 C1：同じキャップを使っていなかったので，ずれてしまったと思います。 T：同じキャップを使っているかどうかは確かめることができますね。 C6：グループの話し合いのときに確かめたら，プラスチックのキャップと金属のキャップと2種類ありました。 T：長さは同じでしたか？ C6：違いました。同じ長さで測らないと，同じ長さの短冊はできないと思います。 T：では，班ごとに確認しましょう。 5　学習のまとめをする。 T：同じ長さを作るには，同じ長さのものでいくつ分かを測ることが大切です。 C7：みんなが持っている同じものは… C8：ブロックで測ればよかったね。 C9：でも大人はブロックを持っていません。 T：実は，世界中の人がもとにしている同じ長さがあります。1cmといいます。工作用紙についている目盛は1cmです。これをもとにすると，短冊の縦の長さを簡単にそろえることができます。 6　学習感想を書く。 C10：「1cmのいくつ分」で考えると，同じ長さを作ることができます。 C11：1cmは便利だと思いました。	○グループの中に自分と違う長さのキャップを持っている友だちがいることに気付かせる。 ・すき間をあけない，まっすぐ測るなどの初歩的な事項の確認も確実に行う。 ○キャップの絵と画用紙を用意して，発表の内容を絵で確認して理解を深めるようにする。 板書 「1つ分の長さがちがうと…」 「5つ分の長さもちがう」 ・1cmを知っている児童がいたら，どうして1cmが必要なのかを考えさせるように発問を工夫するとよい。 まとめ 　工作ようしの1めもりは，1センチメートルです。 1cmと書きます。 1cm ・1cmの目盛のついた工作用紙を配って，次時への期待をもたせる。

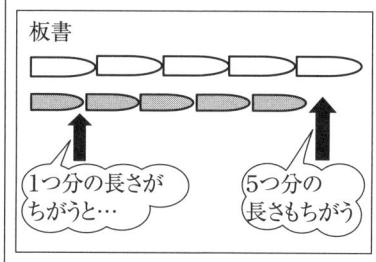

（森　和子）

実践例 4 　第２学年の「かけ算九九」

　かけ算九九は，２学年の児童にとって，関心の高い学習内容である。ここでは，問題解決型の学習を通して，かけ算九九の学習をどのように進めるかの「実践例」として，提案する。

１．授業実践「九九アレイ図カード」
　かけ算の意味をしっかりととらえられるようにするため，アレイ図カードを作って活用する活動を各時間に取り入れる。

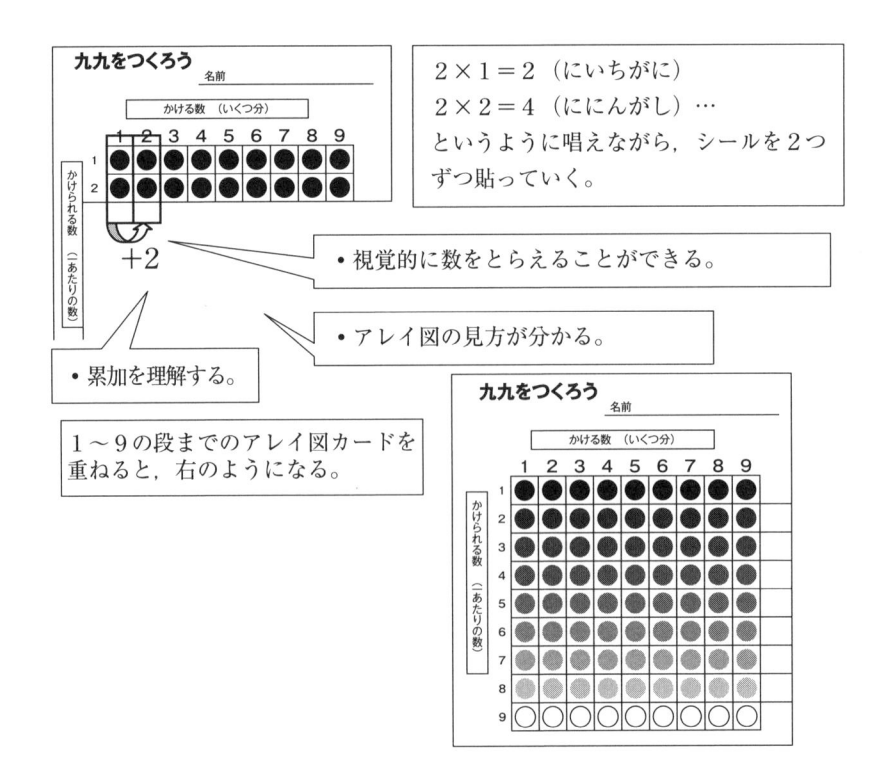

$2 \times 1 = 2$（にいちがに）
$2 \times 2 = 4$（ににんがし）…
というように唱えながら，シールを２つずつ貼っていく。

・視覚的に数をとらえることができる。

・アレイ図の見方が分かる。

・累加を理解する。

１～９の段までのアレイ図カードを重ねると，右のようになる。

このアレイ図カードを次のような学習に活用することができる。

例　「7×6の答えが分からなくなりました。どのように教えてあげたらよいでしょう。」

（主に②，③，④の考え方がアレイ図を活用した考え方である。）

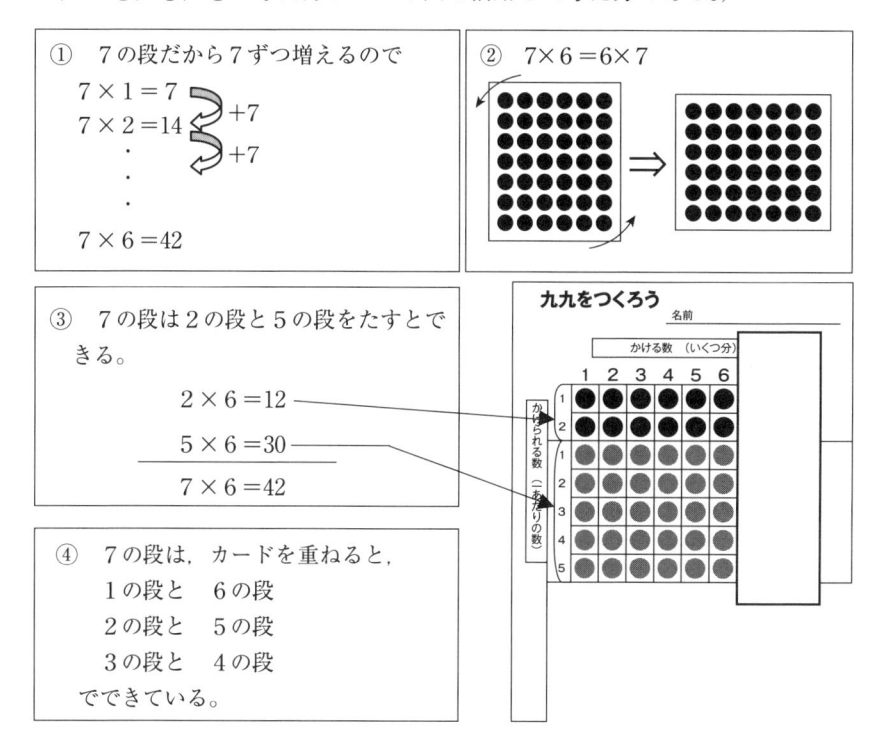

①　7の段だから7ずつ増えるので
　　7×1＝7
　　7×2＝14　＋7
　　　　　　　　＋7
　　　　　・
　　　　　・
　　　　　・
　　7×6＝42

②　7×6＝6×7

③　7の段は2の段と5の段をたすとできる。
　　　　2×6＝12
　　　　5×6＝30
　　　　7×6＝42

④　7の段は，カードを重ねると，
　　　1の段と　　6の段
　　　2の段と　　5の段
　　　3の段と　　4の段
　　でできている。

九九をつくろう　　名前

発展として，10の段以上のかけ算をつくるときにも使用できる。

2．授業実践「九九パズル」

　児童は，ゲームが好きである。導入では，九九表をパズルのように分解してその一部を見せることで，これから行うパズルゲームへの意欲をもたせる。また，九九表の数の並びの規則性や不思議さにふれさせることで，発見する楽しさを味わうことができるようにする。最後に，グループでパズルゲームを楽しみながら，きまりを説明することで，さらに学習を深め，数学的な考え方を育てる。

(1) 学習活動のねらい

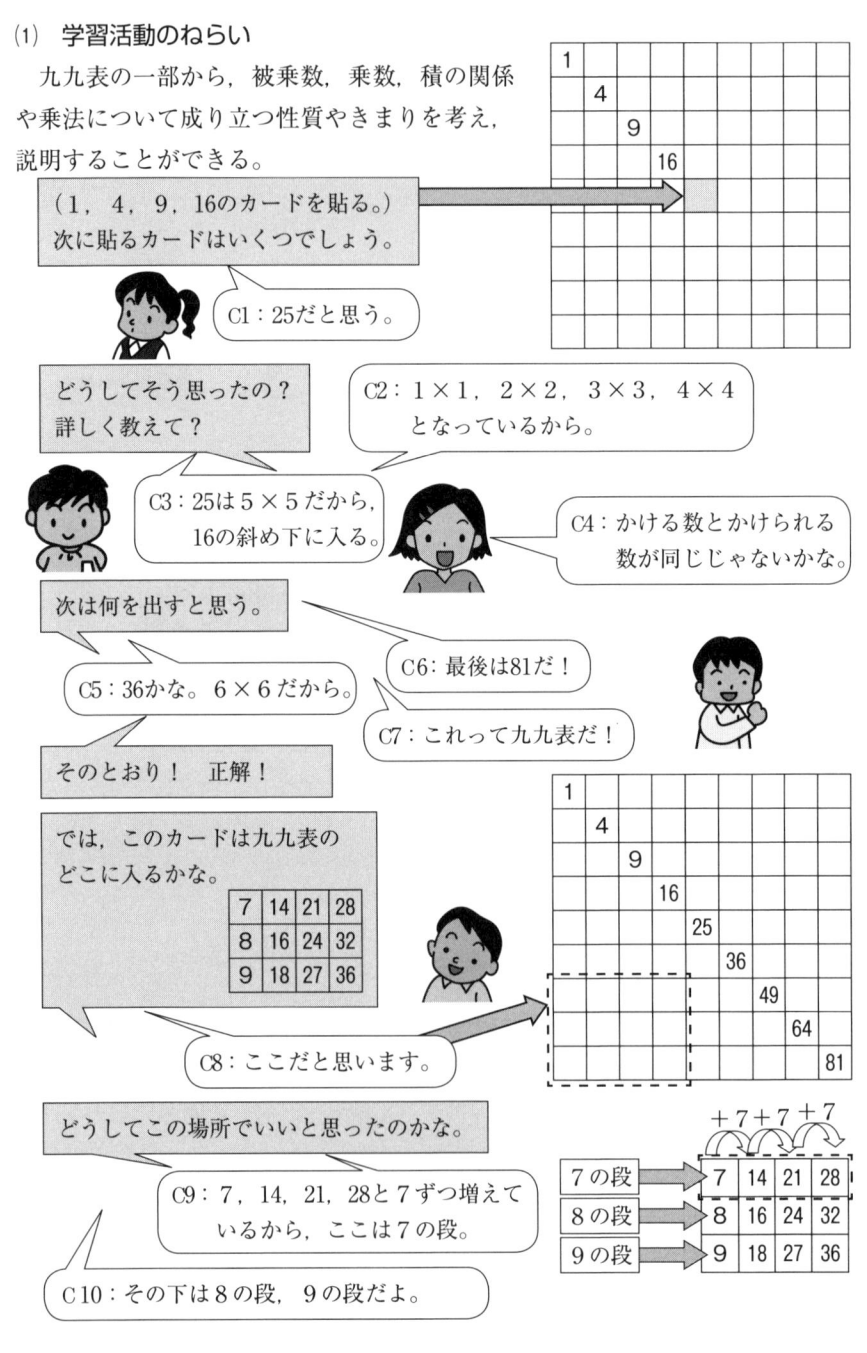

九九表の一部から，被乗数，乗数，積の関係や乗法について成り立つ性質やきまりを考え，説明することができる。

（1，4，9，16のカードを貼る。）
次に貼るカードはいくつでしょう。

C1：25だと思う。

どうしてそう思ったの？
詳しく教えて？

C2：1×1，2×2，3×3，4×4となっているから。

C3：25は5×5だから，16の斜め下に入る。

C4：かける数とかけられる数が同じじゃないかな。

次は何を出すと思う。

C5：36かな。6×6だから。

C6：最後は81だ！

C7：これって九九表だ！

そのとおり！ 正解！

では，このカードは九九表のどこに入るかな。

7	14	21	28
8	16	24	32
9	18	27	36

C8：ここだと思います。

どうしてこの場所でいいと思ったのかな。

C9：7，14，21，28と7ずつ増えているから，ここは7の段。

C10：その下は8の段，9の段だよ。

	+7	+7	+7
7の段 →	7	14	21	28
8の段 →	8	16	24	32
9の段 →	9	18	27	36

C11：7は7×1，8は8×1，9は9×1で，かける数が1だから，左側のいちばん下に置くといいと思います。

次に，このカードは九九表のどこに入るかな。どうしてそうなったのか，説明も書きましょう。

| 14 |
| 21 |
| 20 | 24 | 28 |

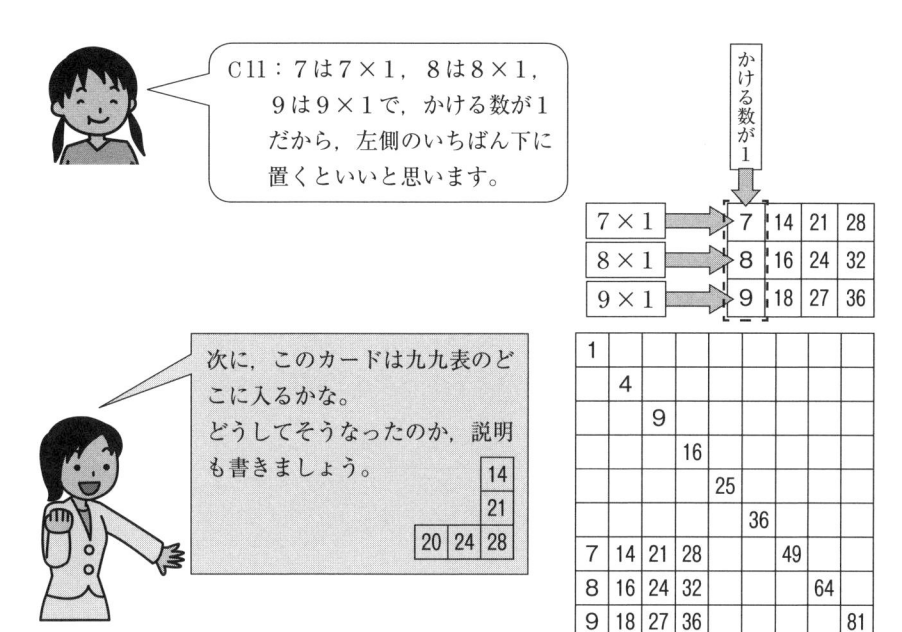

かける数が1

7×1	→	7	14	21	28
8×1	→	8	16	24	32
9×1	→	9	18	27	36

1								
	4							
		9						
			16					
				25				
					36			
7	14	21	28			49		
8	16	24	32				64	
9	18	27	36					81

(2) 自力解決

　課題を解決するため，実際にカードを九九表に置いて考えさせる。既習事項をもとに，並んでいる数のきまりや，被乗数，乗数の関係，答えから立式をするなど，根拠をもって自分の考えをプリントに記入させる。うまく表現できない児童に対しては支援を行い，表現ができている児童に対しては自分の考えを説明できるように練習をさせる。

(3) **支援について**（☆◇は支援の具体的内容）

①分からない児童への支援

- 九九表のどこに入るかは分かるが，説明が書けない。
  - ☆横や縦の数字がいくつずつ増えているかに着目させ，4ずつ増えている，7ずつ増えていることを考えさせる。
- 間違ったところに置いている。（20，24，28を5の段や7の段に置くなど）。
  - ☆1つの答えだけでなく，隣の数に目を向けさせる。
  - ☆いくつずつ増えているのか，隣には置いた段の答えがあるかを確認させる。
- どう考えたらよいのか分からない。

☆既習で作った九九表を確認しながら，横や縦の数字がいくつずつ増えて
　　　いるか着目し，考えさせる。
②解決している児童への支援
　◇累加，被乗数と乗数の関係などに着目して，分かりやすく説明するよう助
　　言する。
(4)　学び合い
　発表では，1つの考えに対して，複数の児童にも説明をさせることで，分か
りやすい説明，大切な言葉を全体で確認していきながら，説明の仕方を高めて
いく。また，よい説明の仕方の児童を参考に，他の児童にまねをさせたり，教
師自身が説明のモデルを示したりする。

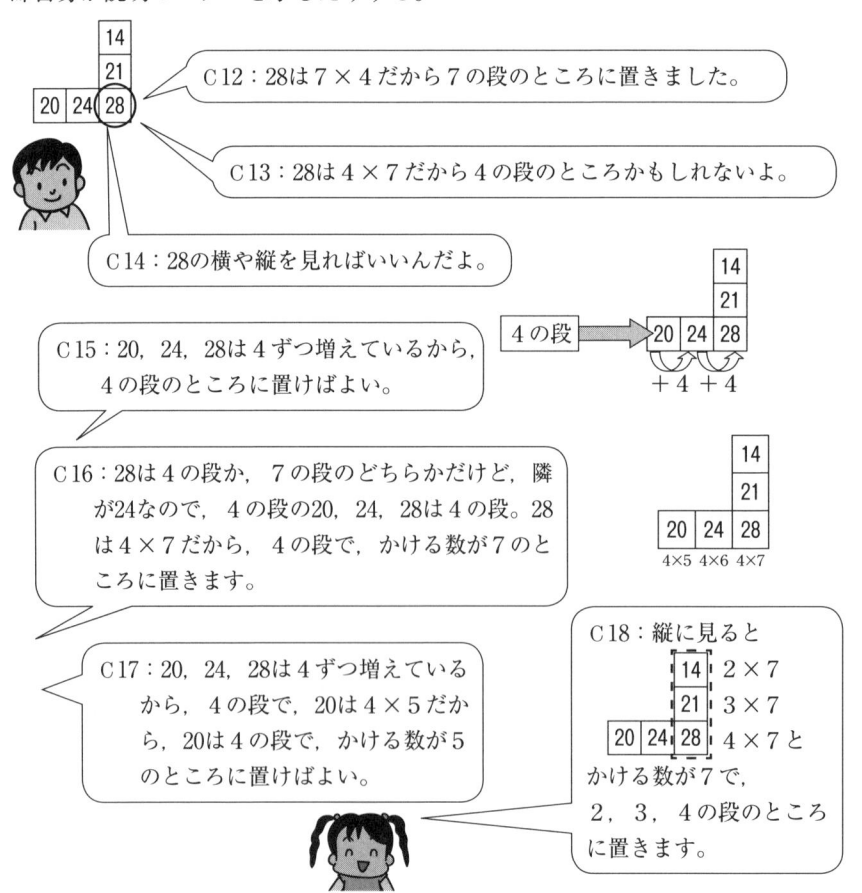

C12：28は7×4だから7の段のところに置きました。

C13：28は4×7だから4の段のところかもしれないよ。

C14：28の横や縦を見ればいいんだよ。

4の段

＋4　＋4

C15：20，24，28は4ずつ増えているから，
　　　4の段のところに置けばよい。

C16：28は4の段か，7の段のどちらかだけど，隣
　　　が24なので，4の段の20，24，28は4の段。28
　　　は4×7だから，4の段で，かける数が7のと
　　　ころに置きます。

4×5　4×6　4×7

C17：20，24，28は4ずつ増えている
　　　から，4の段で，20は4×5だか
　　　ら，20は4の段で，かける数が5
　　　のところに置けばよい。

C18：縦に見ると
　　　14　2×7
　　　21　3×7
　　　28　4×7と
かける数が7で，
2，3，4の段のところ
に置きます。

(5) まとめ

> パズルを解くために，どういうことが分かると解くことができるでしょうか。発表しましょう。

C19：横に見たときいくつずつ増えているかが分かるとできます。

C20：縦でもいくつずつ増えているかが分かればできます。

C21：答えをかけ算の式にすると，かける数・かけられる数が分かって早く見つけられる。

(6) 練習

　学習をまとめて，分かったことを活用する場を設定する。グループでパズルゲームをしながら，友だち同士で説明し合う活動を通して，児童たちの表現する力や説明する力を高めていく。

ルール
- グループ内でカードを引く順番を決める。
- 順番に袋からカードを1枚引く。
- そのカードは九九表のどこになるのか，ピースを置いて説明をする。
- 説明がよければ，拍手。
 もう少しなら，アドバイス。
 他の説明の仕方があれば，発表する。

1	2	3	4	5	6	7	8	9
2	4	6	8	10	12	14	16	18
3	6	9	12	15	18	21	24	27
4	8	12	16	20	24	28	32	36
5	10	15	20	25	30	35	40	45
6	12	18	24	30	36	42	48	54
7	14	21	28	35	42	49	56	63
8	16	24	32	40	48	56	64	72
9	18	27	36	45	54	63	72	81

（加藤　賢一）

実践例 5　第3学年の「わり算」

1．単元の目標および観点別評価規準

(1) 目標

既習事項を活用して，あまりがある場合のわり算の計算の仕方について考え，理解し，それを用いる能力を身に付ける。

(2) 観点別評価規準

【関心・意欲・態度】
- あまりのある場合のわり算で，数量の関係を図や式，言葉などに表して，問題解決に生かそうとする。
- 身の回りからわり算で表される事象を進んで探したり，学習に生かしたりしようとする。

【数学的な考え方】
- 既習のわり算の考え方を使って，あまりのある場合のわり算の計算の仕方を考え，説明することができる。

【技能】
- あまりのあるわり算の計算ができ，答えの確かめができる。

【知識・理解】
- あまりの意味やわる数との大小関係，あまりのあるわり算の計算の仕方が分かる。

2．指導計画・評価計画（全8時間）

時間	指導内容	評価規準
1（本時）	あまりのある場合のわり算の計算の仕方を考え，理解する。	考 あまりのあるわり算を，既習のわり算の考え方を使って考え，説明することができる。 知 あまりのあるわり算の計算の仕方が分かる。
2	わりきれる場合やわりきれない場合のわり算の計算の仕方を考えることが	考 商やあまりを，あまりのあるわり算の計算の仕方を適用して説明するこ

	できる。	とができる。
3	あまりのあるわり算を立式し，わる数とあまりの関係について考え，理解する。	考わる数はあまりより大きくなることを図や式などを使って説明することができる。 知わる数はあまりよりも大きくなることが分かる。
4 5	あまりのある場合のわり算について，答えの確かめ方の式について考え，理解する。	考あまりのあるわり算の答えの確かめ方を筋道立てて説明することができる。 技あまりのあるわり算の答えの確かめができる。 知あまりのあるわり算の答えの確かめ方が分かる。
6	求めた商とあまりが直接答えにならない場合の問題について，問題場面をとらえ，考え，説明し，あまりのあるわり算について理解を深める。	考問題場面をとらえ，求めた商とあまりが直接答えにならない場合について考え，答えの意味を説明することができる。 知問題場面に応じたあまりの処理の仕方が分かる。
7 8	学習内容を適用して問題を解決する。	技学習内容を適用して，あまりのあるわり算の計算ができる。 知学習内容を身に付けている。

3．指導の実際（全8時間中の1時間目）

(1) **ねらい**

あまりのある場合のわり算の計算の仕方を考え，説明することができる。

(2) **既習事項の活用について**

①本時における既習事項

【知識・理解】

- 1人に何個ずつ，または何人かに同じ数ずつ分けるときには，わり算を用いる。

- 等分除，包含除のどの場合でも，わり算はかけ算九九を用いて答えが求められる。

【考え方・態度】
- 問題を解決するのに図，式，言葉などを用いようとする。

②活用の仕方

　お菓子を用いた問題で，14÷3を立式させる。14÷3は，これまでのように3の段の九九だけではうまくいかないことに気付かせ，3個ずつ平等に配るにはどうすればよいかを具体物を分けたり，図に表したりしながら考える。

(3) 「数学的な考え方」を育てることとの関連

　わりきれる場合のわり算の考え方を既習事項として使って，わりきれない場合のわり算をどのように計算すればよいかを考え，図や式，言葉などを用いてノートに表し，説明することにより，考え方を育てる。

(4) 本時の展開

児童の学習活動	☆評価規準　※主な支援 ○指導上の留意点
1　既習事項を確かめ，題意を理解し，立式する。	○わり算は，九九を使って答えを求めることを確かめさせる。

【問題1】
　ゼリーが14こあります。1人に3こずつ分けると，何人に分けられますか。

　　　　14÷3の計算の仕方を考えよう

| 2　14÷3の計算の仕方を既習事項を用いて説明する。
C1：問題に取り組んでいない。
C2：九九で解こうとしているが，3の段に14がないため止まっている。
　　3×1＝3　　3×2＝6
　　3×3＝9　　3×4＝12
　　3×5＝15　14がない | ☆㊗あまりのあるわり算を，既習のわり算の考えを使って考え，説明することができる。
※1　とまどっている児童には
・問題に取り組むように，イラストを見せながら題意を理解させ，14個のゼリーの分け方について考えさせる。(C1)
・既習事項を使って解こうとしていることを称賛する。式だけでなく，図をかいて3個ずつ囲ってみるように促す。(C2) |

C3：絵や図をかいて，4人に分けられることに気付いているが，2個をどうすればよいか迷っている。 C4：答えを出しているが，基本的な計算（九九）を間違えている。 C5：あまった2個を商にたしている。 　　　$3 \times 4 = 12$ 　　　$14 - 12 = 2$ 　　　$4 + 2 = 6$ C6：足りない数「1」を「あまり」としている。 　　　$14 \div 3 = 5$ あまり 1 C7：図，式，文章などを使って，ゼリーを4人に配ると，2個あまることを説明している。 ・ゼリーと皿の図をかいて，3つずつ配っている。 ・14個の○を書いて，3つずつチェックしていく。 ・3の段を使って，15まで計算するとゼリーが足りないので，12個を平等に配ることができる。するとゼリーが2個あまる。	※2　つまずいている児童には ・すべてのゼリーを平等に分けられないときは，分けられない2個を「あまり」とするように助言する。（C3） ・考え方自体を認め，九九表を見ながら結果を確認させる。（C4） ・結果を図で表したり，商とあまりをたしたりすると題意に合わなくなることを図を使って確かめさせ，考え方を修正させる。（C5） ※3　解決している児童には ・説明の準備をさせる。また，違う表現でノートに表すように促す。（C6，C7） ○それぞれに，全体交流のときの聞くポイントを助言しておく。
3　①考えたことを隣同士で情報交換する。 　　②全体で意見交流をする。 C8：問題に取り組んでいない。 C9：3の段に14がないため止まっている。 C10：基本的な計算（九九）を間違えている。	○友だちの説明から学ぶことを確認する。 ※1　とまどっていた児童には ・図をかいて，答えを求めさせ，九九を用いた計算方法へつなげさせる。（C8） ※2　つまずいていた児童には ・友だちの説明から計算の修正をさせる。（C9） ・4と2を導いたところまで合っていることを確かめさせ，4と2がどういう意味なのかを考えさせる。（C10）

C11：あまった2個を商にたしている。 C12：ゼリーを4人に配ると，2個あまることを説明している。 聞くポイントを意識させ，友だちの意見との共通点や相違点を考えさせる。	※3　解決していた児童には ・友だちの解決の仕方のよさを探させる。よい考え方をノートに記録させる。（C11）
4　学習のまとめをする。 C13：図を使うと分かりやすい。 C14：あまりがあるわり算もある。 C15：今までと同じように3の段の九九で解くことができる。 C16：14を超えないいちばん近い数を探せばよい。	○児童の意見からまとめをつくっていく。 まとめのポイント ①あまりが出るわり算もある。 ②既習のわり算のようにわる数の九九を使えば，答えが出せる。 ③わられる数を超えないいちばん近い数を九九で探せばよい。
5　学習内容をあてはめる。 【問題2】つぎの計算をしましょう。 　(1)　17÷3 　(2)　18÷4 　(3)　45÷7 2桁÷1桁のわりきれない計算のみ扱う。 C17：問題に取り組んでいない。 C18：基本的な間違いをしている。 　・計算ミスをしている。 C19：あまりがあることに気付いていない。 C20：わる数の九九の中に，わられる数がないので，商とあまりを求めている。	○C17，18，19の児童を中心に支援する。 ○【問題1】のようにあまりが出るかどうかを考えさせる。
6　学習の振り返りと学習感想を書く。 C21：わり算には，あまりがあるわり算もあることが分かった。	○気付いたこと，分かったこと，困ったこと，の3点を学習内容について感想を書かせる。

C22：今までのわり算の考え方を使えば，うまく解けたのがうれしかった。	○既習事項のよさを書いている児童や友だちの説明のよさを書いている児童を取り上げ，発表をさせる。

(5) 板書計画

課題　|14÷3の計算の仕方を考えよう|　　まとめ

【問題1】
ゼリーが14こあります。
1人に3こずつ分けると，何人に分けられますか。

○今までと同じように3の段の九九を使えば解ける。
○14を超えないいちばん近い数をさがせばよい。

(式) 14÷3

考え方

○○○ ○○○ ○○○ ○○○ ○○

4人に分けられて，2こあまる。

【問題2】つぎの計算をしましょう。
(1) 17÷3＝5あまり2
(2) 18÷4＝4あまり2
(3) 45÷7＝6あまり3

3×1＝3　3×2＝6　3×3＝9
3×4＝12　3×5＝15
15もゼリーはないから，4人に3こずつ分けられて14－12で2こあまる。

学習感想
㋖気付いたこと
㋗分かったこと
㋘困ったこと

（石丸　和孝）

実践例 6　第3学年の「かけ算」

1．単元の目標および観点別評価規準
(1) **目標**

　2位数や3位数に1位数や2位数をかける乗法の計算の仕方について理解し，その計算が確実にできるようにするとともに，それを適切に用いる能力を伸ばす。

(2) **観点別評価規準**

【関心・意欲・態度】
- 既習のかけ算をもとにして，2位数や3位数に1位数や2位数をかける乗法の計算の仕方について考えようとする。かけ算のよさに気付いている。

【数学的な考え方】
- 2位数や3位数に1位数や2位数をかける乗法の計算について，既習事項を用いて答えの求め方を考え，説明することができる。

【技能】
- 2位数や3位数に1位数や2位数をかける乗法の計算が確実にできる。

【知識・理解】
- 2位数や3位数に1位数や2位数をかける乗法の意味や，計算の仕方を理解している。

2．指導内容の前後関係

　数と計算領域の内容においては，2学年の乗法九九と3学年のわり算は密接にかかわっている。数量関係の内容についてもかかわりが深く，乗法九九の基礎の上に成り立つものが多い。そのため，乗法の指導では，段階的にていねいにその意味を理解させていく必要がある。

	第2学年	第3学年	第4学年	第5学年	第6学年
数と計算	乗法九九 簡単な2位数と1位数の乗法	整数の乗法 整数の除法 (除数が1位数で商が2位数)	整数の除法 (除数が2位数被除数が3位数) 乗数除数が整数の小数の乗除	乗数除数が小数の場合の乗除 乗数除数が整数の場合の分数の乗法除法	乗数除数が分数の場合の分数の乗法除法
数量関係	1つの数を他の数の積として見ること 乗数が1ずつ増えるときの積の増え方	乗数または被乗数が0の場合を含めて，乗数が1ずつ増減したときの積の変化 除法の式の表現とその読み	□，△などを用いた式 四則に関して成り立つ性質のまとめ	簡単な場合についての比例の関係 数量の関係を表す式 百分率	比 比例の関係を式やグラフを用いて調べること 比例の関係を用いて問題を解決すること 反比例の関係 文字 a, x などを用いた式

3．単元の指導について

(1) 指導の工夫

　3学年の「かけ算」の学習は，「かけ算のきまり」「かけ算の筆算①（2位数，3位数×1位数）」「かけ算の筆算②（2位数，3位数×2位数）」の内容に分かれている。どの内容にも共通しているのは，かけ算の意味を十分に理解させることである。問題場面を図や式に表して，演算決定の根拠や計算の仕方を説明する活動を大切にしたい。2学年で学習したアレイ図，テープ図をさらに簡略化できるように，図の示し方も発達段階に合わせて工夫していく。

(2) 算数的活動の効果的な取り入れ方

①演算決定の根拠を説明する場面

　調査問題で多い誤答は，問題文に出てきた順に立式するパターンである。2学年では乗法の意味を（1つ分）×（いくつ分または何倍）＝（全体）と学習してきているが，問題によっては逆に立式してしまう場合がある。

乗法の意味の理解を確実にしていくためには，立式の前または後に問題場面を図に表す段階が必要ではないかと考える。教科書にはテープ図が使われている場合が多いが，取りかかりはどのような図でもよい。一人一人の児童の発想を大切にして，それをテープ図にまとめていけばよい。大切なことは何を1つ分（基準量）としているかである。これをしっかりと確認したうえで，計算の仕方に取りかかるように指導したい。

②計算の仕方を説明する場面

　特に新しい計算を学習するときは，児童の発想をもとに授業を進めること，答えが正しいかどうかを確かめることを重視したい。

　本実践では，「23×3」を既習事項を用いてどのように計算するかが課題となる。「23×3」という問題は，児童にとっては難しいものではないだろう。「今まで学習した計算の仕方を使えばなんとか自分の力で答えを求めることができそうだ」，「いろいろな計算の仕方を考えることができそうだ」，「図に表して考えると答えが分かりそうだ」と見通しをもって取り組むことができる問題である。

　そこで，教師は児童の考え方の正しさを裏づけるための指導が必要になる。答えが正しいことは，図や累加の考えを用いて確認し，乗法とは，1倍，2倍，3倍と比例している事実（比例は6学年）を図と式で確認する。3学年のこの段階では，乗法の計算を図や累加の式と関係づけながら指導していく。

(3)　数学的な考え方の育成（思考力，表現力）

　この単元では，児童が自分の言葉で説明をする活動を増やすことにより，式の意味が分かる児童を育てたい。教師は，児童が話した言葉と図と式を関連付けることができるよう，対応している部分に印をつけるなどの支援をする。ホワイトボードや発表黒板を使う場合は，書く内容と話す内容を教師が指導し，説明する力を身に付けさせる。

　説明させる内容は，演算決定の根拠「このような理由でかけ算になりました」ということと，計算の仕方「このようにして答えを求めることができました」ということである。

4．指導計画・評価計画（全35時間）

(1) かけ算のきまり（全10時間）

時　間	指　導　計　画
1・2	乗数が1ずつ増減するときの乗数と積の関係　交換法則
3	被乗数や乗数を分解しても積は変わらないという乗法の性質
4	$a×□=b$，$□×a=b$ の□にあてはまる数の求め方
5	被乗数や乗数が10のときの答えの求め方
6	被乗数が10を超える場合の答えの求め方
7・8	0のかけ算
9・10	まとめ

(2) かけ算の筆算①（全14時間）

時　間	指　導　計　画
1・2	何十，何百に1位数をかける計算
3（本時）	2位数×1位数の計算の仕方　　23×3
4	2位数×1位数の筆算の仕方　　23×3
5	2位数×1位数の筆算（一の位の数との部分積が2桁）　16×4
6	2位数×1位数（部分積が2桁）　36×2　　28×3
7	2位数×1位数（部分積を加えたときに百の位に繰り上がり）58×3
8	3位数×1位数（部分積がみな1桁）
9	3位数×1位数（一，十の位の数との部分積が2桁）
10	3位数×1位数（部分積がみな2桁，および繰り上がりあり）
11	3つの数の乗法を1つの式に表す　結合法則
12	ある数の何倍かを求める計算
13・14	まとめ

(3) かけ算の筆算②（全11時間）

時　間	指　導　計　画
1	1位数×何十
2	2位数×何十
3・4	2位数×2位数（部分積がみな2桁）　12×23
5	2位数×2位数（部分積がみな3桁）　58×46
6	2位数×2位数（乗数の末尾に0がある）　86×30
7・8	3位数×2位数　587×34　703×25
9	暗算　25×3　3×25　250×3　25×30
10・11	まとめ

5．指導の実際（全35時間中の13時間目）
(1) **本時のねらい**
　2位数×1位数の計算の仕方を考え，説明することができる。
(2) **展開**

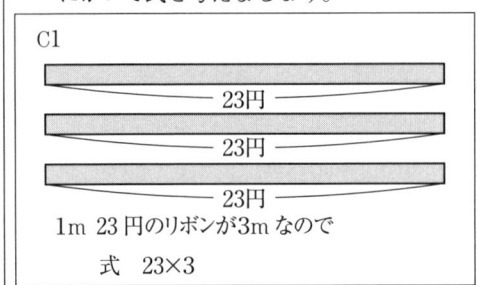

学習活動	☆評価規準　○支援　・留意点
1　本時の問題を把握する。 　1m23円のリボンを3m買いました。代金は何円になるでしょうか。 T：求めることは何ですか？ C：3mのリボンの代金です。 T：分かっていることは何ですか？ C：1mが23円ということです。 2　立式を考える。 T：求めることと分かっていることの関係を図にかいて式を考えましょう。 C1 　　　―23円― 　　　―23円― 　　　―23円― 　1m 23円のリボンが3mなので 　　　式　23×3 C2 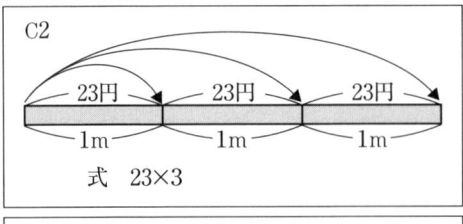 　―23円―　―23円―　―23円― 　―1m―　―1m―　―1m― 　　　式　23×3 C3 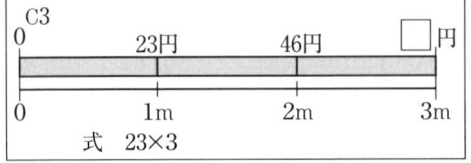 　0　　23円　　46円　　□円 　0　　1m　　2m　　3m 　　　式　23×3	・児童の実態によっては，テープ図を使って考えた経験が少ないこともある。実際に1mと3mのテープを見せて考えさせてもよい。 ☆㋕問題文からかけ算であることを確認し，図，式，言葉を使って23×3になる理由を説明している。 ○かけ算になる理由を書き表すことができない児童には，テープの図をかいて，1mの値段を書きこむように支援する。 ○求めることを□で表し，図を使って何を求めるのかを確認させる。 ○C1の図を横につなげると，C2やC3の図になることを確認する。 ○C3の図を使って，3mは1mの3倍なので，代金も3倍になることを確認する。 （C3の図が出ないときは，C2の図に矢印をかき込み，3倍になっていることを確認する。）

C：どの図にも23円が3つ書かれているから，23×3ということが分かります。
C：言葉の式にすると
　　1mの代金 × 長さ（3m） = 3mの代金 となります。

3　課題を確認し，解決の見通しをもつ。

　23×3の計算の仕方を考えよう。

T：どんな方法が使えそうですか。
C：九九が使えそうです。
C：図をかくと計算できそうです。

4　自分の考えをノートに書く。
T：計算の仕方をノートに書きましょう。

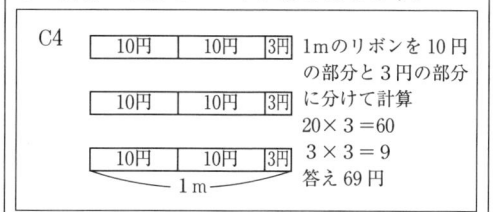

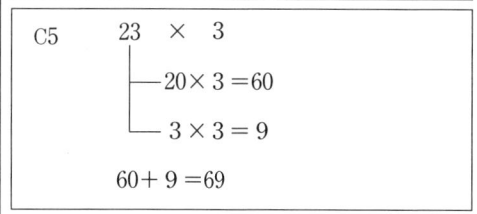

C4
　10円　10円　3円　1mのリボンを10円
　10円　10円　3円　の部分と3円の部分
　10円　10円　3円　に分けて計算
　└── 1m ──┘　　　20×3＝60
　　　　　　　　　　3×3＝9
　　　　　　　　　　答え69円

C5　　23 × 3
　　　├─ 20×3＝60
　　　└─ 3×3＝9

　　　60＋9＝69

C6　　23 × 3
　　　　　20×3＝60
　　　　　 3×3＝9

　　　　　60＋9＝69

C7：筆算だけを書いている。
C8：考え方をノートに書いていない。

○今まで学習したことで使えることはないかを問う。

☆㋕23×3の計算の仕方を既習のかけ算を使って考え，説明している。
○C4にはどの式が図のどの部分にあたるのかを図示するように助言する。

○C5，C6には計算の手順を番号で表すように助言する。なぜ数を分けてかけ算をしたのかを問う。答えが69でよい理由の説明を考えさせる。

○C7にはなぜ，筆算で答えを求めることができるのかを説明するように助言する。
○C8には23を計算できる数に分けるように助言する。

5　発表をもとに話し合う。 C4, C5, C6の発表から共通点を見つける。 T：みんなの考え方で共通することはありませんか。 C：どれも答えが同じです。 C：それもかけ算とたし算をしています。 C：位ごとに計算をしています。 6　本時の学習のまとめをする。 T：みんなの意見を聞くと，2桁×1桁のかけ算は，まず数を計算しやすいように位ごとに分けてからかけ算をして，その答えをたして求めていることが分かりますね。	○答えが同じになっていることと，その答えが正しいことを図で確認し，自分の力で答えを求めることができたことを称賛する。 ○23を分けて考えたこと，それぞれに3をかけて，その答えをたして答えを求めたことを確認し，次時のかけ算の筆算の仕方の学習につなげる。

（森　和子）

実践例 7　第3学年の「図形」（二等辺三角形と正三角形）

1. 単元の目標および観点別評価規準

(1) **目標**

　二等辺三角形や正三角形の意味や性質について理解し，作図ができる。また，角の意味を理解し，二等辺三角形や正三角形の角の大小・相等関係を確かめることができる。

(2) **観点別評価規準**

関心・意欲・態度	数学的な考え方	技能	知識・理解
・身近にある基本的な三角形を分類しようとする。 ・身の回りの中から二等辺三角形や正三角形の形をしたものを見つけようとする。	・辺の長さによって三角形を分類して考える。 ・二等辺三角形や正三角形のかき方をもとに，複雑な図形の作図の仕方を考える。	・コンパスを使って，二等辺三角形や正三角形を作図することができる。	・二等辺三角形や正三角形の性質を理解することができる。 ・角の意味を理解し，角の大小比較ができる。

2. 指導内容の前後関係

2年　正方形・長方形・直角三角形
　　　・図形の定義と性質
　　　・図形のかき方

3年　円と球

　　　二等辺三角形・正三角形
　　　・二等辺三角形の定義と性質の理解
　　　・正三角形の定義と性質の理解
　　　・二等辺三角形と正三角形の作図
　　　・角の意味と大小・相等関係，二等辺三角形と正三角形の角

4年　平行四辺形・ひし形・台形
　　　・図形の定義と性質
　　　・図形のかき方

5年　多角形・合同
　　　・合同の意味と合同な図形のかき方

3．児童の実態
(1) 学習全般の実態

　授業中によく手をあげる児童が多く，教科を問わず学習活動が活発である。学習進度が遅い児童や特別な配慮を要する児童も数名いる。

(2) 算数学習の実態

　既習事項を活用して課題に取り組もうとする姿勢が身に付いてきたと感じる。自分の考えを図や式に表して，相手に分かりやすく伝えることを苦手とする児童が多い。

(3) 本単元に関する実態

　図形に関する学習としては，これまでに「円と球」の学習を経験しており，コンパスという道具に興味をもち，意欲的に学習を進めた。算数の中でも図形の学習が楽しいと感じる児童が多く，特に円の学習では円や弧を組み合わせて美しい模様をかく活動が印象深かったようである。本単元でも二等辺三角形や正三角形を使った敷き詰めの活動で図形の美しさを十分に味わわせたい。

4．単元の指導について
(1) 指導の工夫

　①三角形の弁別をする際に2学年で学習した直角三角形（直角二等辺三角形）と関連させたり，コンパスを用いて作図をする際に円や弧の性質を想起させたりするなど，既習事項との関係を明らかにして指導する。

　②第3時において二等辺三角形，正三角形の作図方法を学習した後，第4～6時では作図の練習をさせ習熟を図る。

　③第7時（本時）では自力解決の場面でつまずいた児童に対してヒントカードを使って助言するが，個々の児童の理解に応じて2段階の支援ができるようにした。

(2) 算数的活動の効果的な取り入れ方

　コンパスを用いた作図が本単元の中心となる算数的活動である。しかし，コンパスだけにこだわらず，ストロー・折り紙など具体物を用いた活動や敷き詰め活動を通して，辺や角の相互関係について理解を深めさせたい。

(3) 数学的な考え方の育成（思考力，表現力）

　高学年における複雑な図形の学習に入るための準備段階という位置づけで，

本単元では発展的内容として二等辺三角形や正三角形の作図方法を活用した正六角形の作図を取り入れた。平面図形に対して分割したり，複合したりする視点を3学年のうちから児童にもたせておくことで，図形への感覚が豊かになることが期待できる。

5．指導計画・評価計画（全8時間）

時間	指導内容	評価規準
1	・4種類のストローを使って三角形を作る。	関ストローを使って様々な形や大きさの三角形を作っている。 知いろいろな三角形を構成し，構成要素を確認できる。
2	・ストローを使って作った三角形を辺の長さに着目して分類する。 ・折り紙を使って二等辺三角形や正三角形を作り，二等辺三角形・正三角形の定義を知る。	考辺の長さによって三角形を分類して考える。 知二等辺三角形・正三角形の定義を理解している。
3	・二等辺三角形や正三角形の作図の方法を考える。	技二等辺三角形と正三角形を正しく作図することができる。
4	・角の意味が分かり，大小の比較をする。	知角の意味を理解している。 技角を重ねることで，角の大小比較ができる。
5	・紙を折る操作によって二等辺三角形や正三角形の角の大きさを調べる。	知二等辺三角形や正三角形の角の性質を理解する。
6	・敷き詰めによる模様作りをする。	知敷き詰め活動を通して，二等辺三角形や正三角形への理解を深める。
7 （本時）	・応用的な図形の作図をする。	考二等辺三角形や正三角形のかき方をもとに，複雑な図形の作図方法を考える。
8	・問題に取り組み，習熟を図る。	練習問題を解決し，理解を深める。

6．指導の実際（全8時間中の7時間目）

本時のねらい：二等辺三角形および正三角形の作図方法を生かして複雑な図形の作図の仕方を考え，図形への理解をさらに深める。

予想される児童の学習活動	☆評価　○支援　・留意点
1　前時までの学習を振り返り，本時の課題をつかむ。〈問題〉二等辺三角形や正三角形の作図の仕方を使って，この図形を作図する方法を考えましょう。【見本】（学習シート）C：こんな難しい形，かけない。C：いくつかの小さい図形に分ければかけそうだよ。2　自力解決C1：正三角形6つに分割して作図する。①一辺の長さをコンパスで測り，正三角形を作図する。②さらに正三角形の一辺を底辺として同じ正三角形を作図する。③同じように正三角形をかきたしていく。	○前時の敷き詰め活動を振り返り，そこでできた正六角形について簡単に説明をする（6つの辺の長さ，角の大きさが等しい）。・ルールの確認をする。①コンパスと定規だけを使う。分度器は使わない。②定規は長さを測るためではなく，直線を引くときだけに使う。③見本の辺の長さはコンパスで測り取ってよい。T：正三角形や二等辺三角形に分けるには，どうやって線を引いたらよいでしょうか。T：反対側の頂点同士を結んでみましょう。（対角線）☆二等辺三角形や正三角形のかき方をもとにして，複雑な図形（正六角形）のかき方を考えることができる。○作図していく過程で，正六角形の6つの頂点が1つの円周上にあることにも気付かせる。○かき終わった児童には，他の方法でもかけないか考えさせる。

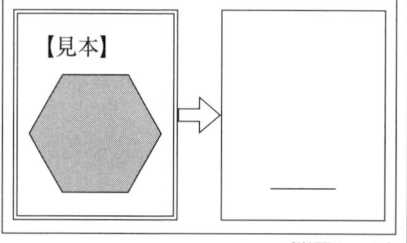

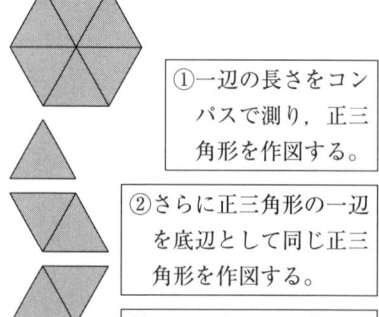

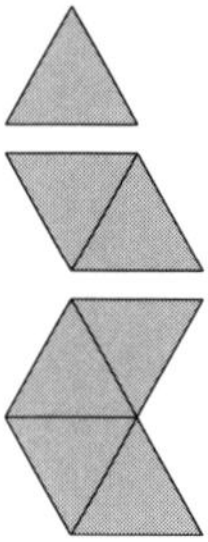

C2：正三角形1つと二等辺三角形3つに分割する。

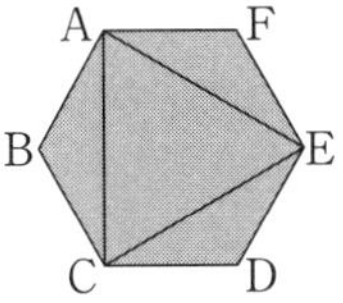

①コンパスで見本の図形の CD と AC の長さを測り，E の位置を決める。

②コンパスで見本の AC の長さを測り，正三角形 ACE を作図する。

③二等辺三角形 ABC, AEF を作図する。

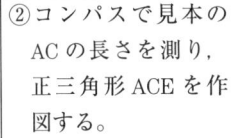

C3：下から順番に作図していく。

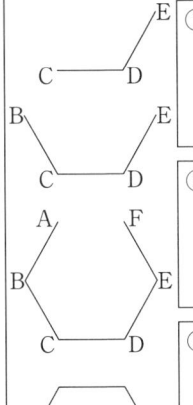

①コンパスで見本の図形の CD と AC の長さを測り，E の位置を決める。

②同じように，見本の図形の CD と DF の長さを測って BC を作図する。

③同じように辺 AB, EF を作図して，最後に AF をつなげる。

○本単元は二等辺三角形と正三角形の学習であるので，まずはこの分割方法を思いついたことをほめる。

○このように図形を分割することを思いついても，作図の方法まで思いつかない児童への支援
　⇒ DE の長さが CD の長さと等しいこと，AC の長さが CE の長さと等しいことに気付かせる。

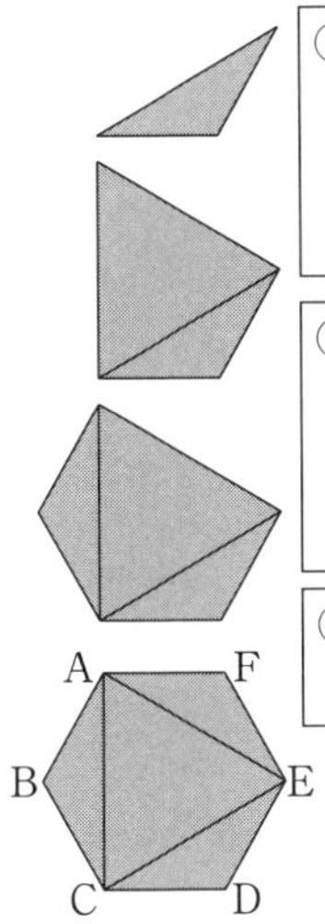

T：三角形 CDE は二等辺三角形ですが，向きが違うので，ふつうには作図できません。頂点 E の位置を知るには，辺 CD と AC を使って考えます。

○①の手順さえできてしまえば，後は正三角形を1回，二等辺三角形を2回作図するだけで完成する。

○他の児童への説明の仕方を考えさせる。また，他の作図方法についても考えさせる。

○ C2の①と操作自体は同じである。

○この方法は正六角形を二等辺三角形や正三角形に分割してはいないので，できたことを認めつつ，既習事項を生かす方法も探すように声をかける。

○頂点を決定するために，2種類の長さ（CD の長さと AC の長さ）を繰り返し使うことを確認する。

C4：正六角形をどのように分割してよいか気付かず,見通しがもてない。	○ヒントカードを使って個別に助言する。ヒントカードAを提示し,どのように分ければ6つの正三角形ができるのかを考えさせる。それでも気付かなければBを提示して,Bを見ながら作図させる。 〈ヒントカード〉 A　　　　　　　B 同じ大きさの正三角形6つに分けられる。 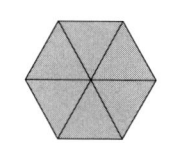
3　それぞれの作図方法を発表する。 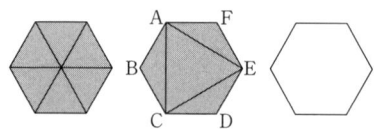 一人ずつ黒板で実際に説明しながら作図する。	○3人の児童を指名して,黒板に作図をさせる。黒板でのコンパスの扱いなど,児童だけでは難しい操作は教師が手伝う。 ○C2,C3の考え方では,コンパスを用いて長さの異なる半径から頂点を決めるという,これまでの授業では扱っていない方法を使うので,教師が補足する。
4　練習問題を解き,授業のまとめを行う。 〈問題〉次の図形をコンパスを使って作図しましょう。 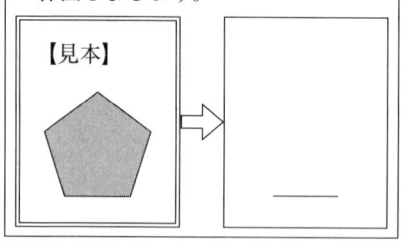 【見本】	○分割の例 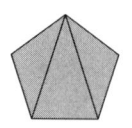 ○複雑な図形でも,単純な図形に分割することで作図ができることを振り返る。

7．考察（成果および今後の課題）
(1) 作図方法について

前時が正三角形・二等辺三角形の敷き詰め活動であったため，ほぼすべての児童が正三角形6つに分割する方法（C1の方法）を思いつき，作図できていた。C2・C3やそれ以外の方法で作図ができた児童も数名いた。

(2) 表現や説明の難しさ

作図の手順を言葉で表現して他の児童に説明することは難しく，本時では発展的な図形を扱ったこともあり，うまく説明できない児童が多かったことが課題である。

(新宅　直人)

実践例 8

第4学年の「面積」

1．単元の目標および観点別評価規準

(1) 目標

　面積について単位と測定の意味を理解し，面積を計算によって求めることができる。
- 面積について理解する。
- 面積の単位（平方センチメートル）について知る。
- 正方形および長方形の面積の求め方を考え，それらを用いる。

(2) 観点別評価規準

関心・意欲・態度	数学的な考え方	技能	知識・理解
いろいろな形や大きさの広さに目を向け，面積を求めようとする。	単位面積を用いて，広さを数値化する方法を考えることができる。	長方形や正方形の面積を公式を使って求めることができる。	面積は，「単位とする正方形のいくつ分」で表すことが分かる。

2．指導内容の前後関係

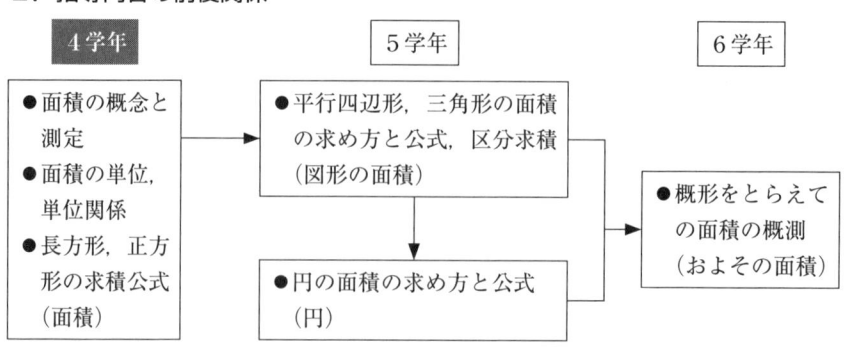

4学年	5学年	6学年
●面積の概念と測定 ●面積の単位，単位関係 ●長方形，正方形の求積公式（面積）	●平行四辺形，三角形の面積の求め方と公式，区分求積（図形の面積） ●円の面積の求め方と公式（円）	●概形をとらえての面積の概測（およその面積）

3．児童の実態
(1) 学習全般の実態
　自分の好きなことや興味のあることに対して積極的な取り組みが見られ，進んで学習に取り組んだりノートを工夫してまとめたりできるようになっている。また，友だちと学ぶ楽しさを感じ，互いに教え合う態度も見られる。しかし，まだ受身的で自分で考えようという気持ちが低い児童や，理解に時間がかかりすぐにあきらめてしまう児童もいるなど，個人差がある。

(2) 算数学習の実態
　実際に長さや重さを調べたり，計算問題をすらすら解いたりすることに対して楽しいと思う児童が多いが，問題解決型の授業を展開していくなかで，自分で考えたり，友だちに説明したりする楽しさを味わえる児童も増えてきている。面積の学習も，公式を教え込むのではなく，自分たちで考えて公式に導いていくことができるように指導していきたい。

4．単元の指導について
(1) 指導の工夫
　cm^2という単位や，長方形・正方形の面積の公式を知っている児童は多い。しかし，面積の意味や公式の意味を知っている児童はほとんどいない。そこで，導入では１cm^2を組み合わせた大きさの違う方眼のカードで陣取りゲームをし，どちらが広いか求め方を考えさせ，同じ大きさにして数を比べればよいことに気付かせる。その小さな単位正方形１つ分が１cm^2という大きさで，面積を表す単位であることを指導する。１cm^2がいくつあるかを求めることが面積を求めることであることを押さえたい。それを基本として，長方形や正方形，複合図形などは１cm^2いくつ分あるかを計算することができるように，図や式，言葉を使って考えたり，説明したりする活動を十分に取り入れていく。

(2) 算数的活動の効果的な取り入れ方
①いろいろな形の１cm^2を求めたり，工作用紙を使って決められた大きさの面積を作ったりする。公式を使って求める前に，「１cm^2いくつ分で何cm^2」という感覚を活動を通して身に付ける。
②長方形や正方形，複合図形の求め方を既習事項を活用して考え，説明する。
③大きな面積を求めるときには，新しい単位があることを段階を踏んで気付か

せていく。また，実際に教室や廊下などを巻尺で測り，面積を求める活動を取り入れる。cmで計算するより，mを単位として計算したほうが分かりやすいことを体験により実感させる。

④単位換算の学習では，辺の長さと面積の関係を表にしていく。1つ単位が変わるたびに100倍の関係になっていることを表にして読み取る。

(3) 数学的な考え方（思考力，判断力，表現力）の育成

①児童には，あらかじめ方眼の入っていない長方形の図を渡し，長方形の面積の求め方を考えさせる。1cm²いくつ分をどうやって求めるか，自分で考えさせ，発表・検討し，公式に導いていく。自分で1cm²のマス目をかいて数える児童も奨励するが，縦と横の2つの辺の長さが分かれば求められることの理由を児童に説明させ，公式にまとめていく。正方形も同様に，長方形の求め方をもとにして考えさせ，公式を導いていく。

②複合図形の求め方では，先に習った長方形と正方形の公式を使って，工夫して面積の求め方を考えさせる。①と同様に，方眼のないカードを渡し，図や式，言葉で考え，説明させる。初めから数値は提示せず，面積を求めるために必要な部分の長さを測って求めるようにさせる。必要な辺には赤線を引かせたり，数値を書き込ませたり，どの辺とどの辺の長さが分かれば面積が求められるかを明確にする。発表・検討では，いくつかの考え方を提示し，それぞれの考え方の共通点について話し合う。どの考えも長方形の公式を使って求めていることと，必要な辺はどれも4本であることに気付かせる。求める辺が4本である理由を考えさせる発問をすることで，さらに児童の思考力を高めていく。

5. 指導計画・評価計画（全10時間）

小単元	時間	学習内容	評価の観点
1 面積	1	・陣取りゲームをし，どちらが広いか比べる方法を考える。 ・面積の意味を理解し，「単位となる広さのいくつ分」で表すことを知る。	考長さや重さでの比べ方の方法を生かして，数値化して比べる方法を考えることができる。

1 面積	2	・1cm²の正方形の数を数えて面積を求める。 ・いろいろな12cm²の図形を知り、工夫してかく。	(知)面積も長さやかさと同じように、「単位のいくつ分」で表せることが分かる。
2 長方形と正方形の面積	3	・長方形の面積の求め方を考える。 ・長方形の面積の求め方を公式化する。 ・正方形の面積の求め方を公式化する。	(考)辺の長さの数と1cm²の数が対応していることに気付き、辺の長さの数を利用して、長方形の面積の求め方を考えることができる。
	4	・必要な辺の長さを測り、長方形や正方形の面積を求める。 ・面積の横の長さが分かっている長方形の縦の長さを求める。	(技)必要な辺の長さを測り、求積公式を適切に用いて長方形や正方形の面積を求めることができる。
	5 (本時)	・複合図形の面積の求め方を考える。	(考)複合図形の求め方を言葉・数・式・図を用いて考え、説明できる。
3 大きな面積の単位	6	・1辺が1mの正方形を作り、面積の単位m²を知る。 ・m²の単位を用いて面積を求める。 ・1m²=10000cm²であることを図や計算から確かめる。	(知)1m²=10000cm²であることが分かる。
	7	・面積の単位km²を知り、m²とcm²との関係を理解して面積調べができる。 ・面積の単位aを知る。 ・aを用いて面積を求める。	(考)広さに応じて面積の単位を使い分けることができる。 (知)面積の単位aを知る。
	8	・面積の単位haを知る。 ・haとaの関係を理解する。	(技)1ha=10000m²であることを単位換算や求積に用いることができる。
4	9	・既習事項の理解を深める。	
5	10	・既習事項の確かめをする。	

6．指導の実際（全10時間中の5時間目）

第5時：複合図形の面積の求め方を考える。

ねらい：複合図形の面積の求め方を，言葉・数・式・図を用いて考え，説明する。

(1) 複合図形を提示し，課題を立てる

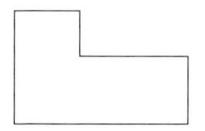

> 児童の言葉で課題を立てるようにする。
> 例：複雑な形の面積の求め方を考えよう。

(2) 見通しをもつ（長方形や正方形であれば求められることを確認する。）

(3) 自力解決をする

　例：C1：方眼をかき，1cm²がいくつ分かを数えて求める。
　　　C2：縦に分けて，2つの長方形の和で求める。
　　　C3：横に分けて，2つの長方形の和で求める。
　　　C4：縦と横に分けて，3つの長方形の和で求める。
　　　C5：辺を延ばし，大きな長方形と小さな長方形の差で求める。

(4) 発表・検討をする

C1 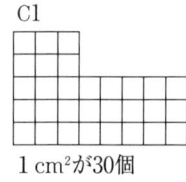
1cm²が30個
答え　30cm²

C2 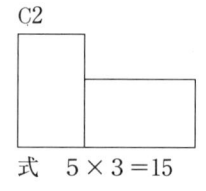
式　5×3＝15
　　3×5＝15
　　15＋15＝30
答え　30cm²

C3 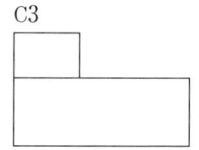
式　2×3＝6
　　3×8＝24
　　6＋24＝30
答え　30cm²

C4 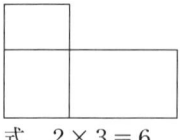
式　2×3＝6
　　3×3＝9
　　3×5＝15
　　6＋9＋15＝30
答え　30cm²

C5 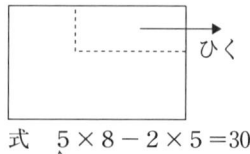
ひく
式　5×8－2×5＝30
答え　30cm²

> 1つの式にまとめられることを確認し，奨励した。

> ※総合式にすることで考え方がよく分かる。

- 図と式を対応させて説明できるようにする（本人または他の児童）。
- 共通点や相違点について，話し合う。

> ☆C2，C3，C4は，分けて考えているので和で求める。
> ☆C5は，つけたしをして大きな長方形にしているから差で求める。
> ☆どれも，長方形にして考えれば計算で求められる。
> ☆3つでもよいが，長方形を2つにすれば簡単に求められる。
> ☆C2，C3，C5は，必要な辺はどれも4本である。

（どうして4本でよいのかを考えさせる発問をすることで，より考えを深めさせた。）

(5) あてはめ問題をする
- 分けたり，つけたしたりして，2つの長方形の和や差で求める。

(6) まとめをする（分かったこと・思ったことをノートに書く。）
- 複雑な図形も，既習の長方形にして考えれば公式を使って求められる。

7．考察

　方眼の入っていない図を使ったことで，求積のときに，辺の長さを自分で測り，また，補助線を引いて既習の長方形にして考えることができた。つまり，面積を求めるためには，どの辺とどの辺の長さが分かれば求められるかということを児童が判断することによって，数学的な思考力を高めることができた。また，測定した辺に赤線を引かせることによって，どの求め方でもあてはまることに気付かせる手だてとなり，相手に分かりやすく伝える表現力も高められた。

　初めは手のつかなかった児童も，前時の学習を振り返ることで，それを手がかりにすれば何とか解決できそうだという気持ちをもつことができた。問題解決型授業を展開することで，考えたり，表現したりすることの成果が見られた。

（堀合　葉子）

実 践 例 9

第4学年の「分数」
（分数をくわしく調べよう）

1．単元の目標および観点別評価規準

(1) **目標**

分数についての理解を深めるとともに，同分母分数の加法および減法の意味と計算の仕方を理解し，それらを用いることができるようにする。

(2) **観点別評価規準**

【関心・意欲・態度】
- 同分母分数の加法および減法の計算の仕方を，既習事項を生かして考えようとする。

【数学的な考え方】
- 単位分数に着目して，分数の大きさを比べたり，加法および減法の計算の仕方を考えたりできる。

【技能】
- 同分母分数の加法および減法の計算ができる。

【知識・理解】
- 分数の意味や表し方を理解し，同分母分数の加法および減法の計算の仕方が分かる。

2．指導計画・評価計画（全10時間）

時間	指導内容	主な評価規準
1	真分数，仮分数の意味について考え，理解する。	考真分数，仮分数を単位分数のいくつ分でとらえることができる。 知真分数，仮分数の意味が分かる。
2	帯分数の意味を理解し，真分数，仮分数，帯分数について理解を深める。	技真分数，仮分数，帯分数の大きさを図や数直線に表したり，読み取ったりすることができる。

時	学習内容	評価規準
		�㊒帯分数の意味が分かる。
3・4	仮分数と帯分数の関係を考え，仮分数を帯分数に，帯分数を仮分数に表す。	㊓分数の大きさを数直線を用いて説明することができる。 �仮分数を帯分数に，帯分数を仮分数に表す仕方が分かる。 ㊔仮分数を帯分数に，帯分数を仮分数に表すことができる。
5	大きさが等しく，表し方が異なる分数を理解する。	㊓大きさが等しく，表し方が異なる分数があることを，数直線を用いて説明することができる。 �分子が同じ分数の大きさを比べる方法が分かる。
6 (本時)	同分母分数の加法の計算の仕方を考える。	㊓加法の計算の仕方を単位分数に着目し，既習の整数の加法の計算と関連付けて考え，説明することができる。
7	同分母の帯分数の加法の計算の仕方を考える。	㊓同分母の帯分数の計算の仕方を，既習の帯分数の構造や真分数の計算の仕方を生かして考えることができる。 ㊔同分母の帯分数の加法の計算ができる。
8	同分母分数の減法の計算の仕方を考える。	㊓減法の計算の仕方を単位分数に着目し，既習の整数の減法の計算と関連付けて考え，図や式を用いて表現し，説明することができる。
9	同分母の帯分数の減法の計算の仕方を考える。	㊓同分母の帯分数の計算の仕方を，既習の帯分数の加法の計算の仕方を生かして考え，図や式を用いて表し，相手に分かりやすく説明することができる。 ㊔同分母の帯分数の減法の計算ができる。
10	学習内容を適用して問題を解決する。	㊔学習内容を適用して，問題を解決することができる。 �基本的な学習内容を身に付けている。

3．本時の展開（全10時間中の6時間目）
(1) ねらい
　既習事項を生かして同分母分数の加法の計算の仕方を考え，説明することができる。
(2) 既習事項の活用について
①本時における既習事項
　〈知識・理解〉
　　・整数および小数の加法，減法の計算の仕方
　　・分数の意味と表し方　（例；$\frac{3}{□}$は$\frac{1}{□}$の3つ分）
　〈考え方・態度〉
　　・同じ単位にそろえて計算すること
②活用の仕方
　「単位分数の個数のたし算をすること」と考えると，整数の場合と同様に処理できる。
(3) 「数学的な考え方」を育てることとの関連
　本時では，分数の計算が「単位分数の個数」という考え方を用いることで，整数の加法の計算と同じように処理できるよさを知る。単元を通して，整数，小数，分数のどの計算も「ある単位のいくつ分とみて，同じ単位にして計算する」という同じ考え方でまとめることができる。
(4) 第6時の展開

児童の学習活動	☆評価規準　○主な支援　・指導上の留意点
1　問題を理解する。	
【問題1】 $\frac{4}{5}$mと$\frac{3}{5}$mのテープを合わせると何mになりますか。	
①立式 C：「合わせると」だからたし算で， 　式は　$\frac{4}{5}+\frac{3}{5}$ C：図にかいてたし算と分かった。 ②計算の見積もり C：1mより大きくなりそうだ。	・数直線や図に表し，理解しやすくする。
$\frac{4}{5}+\frac{3}{5}$の計算の仕方を考えよう。	

| 2　既習事項を生かして計算の仕方を考える。 | 考 加法の計算の仕方を，単位分数に着目し，既習の整数の加法の計算と関連付けて考え，説明することができる。 |

C1：手がかりがつかめない。
・全く手が動かず記入の様子もない。

C2：$\frac{4}{5}+\frac{3}{5}=\frac{7}{10}$
・分母同士，分子同士の和を求めている。

C3：図から求める。

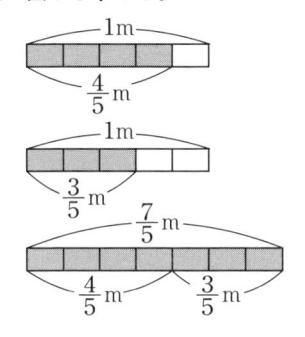

```
     ─1m─
   ┌─┬─┬─┬─┬─┐
   │▓│▓│▓│▓│ │
   └─┴─┴─┴─┴─┘
    ──$\frac{4}{5}$m──

     ─1m─
   ┌─┬─┬─┬─┬─┐
   │▓│▓│▓│ │ │
   └─┴─┴─┴─┴─┘
    ─$\frac{3}{5}$m─

        ──$\frac{7}{5}$m──
   ┌─┬─┬─┬─┬─┬─┬─┐
   │▓│▓│▓│▓│▓│▓│▓│
   └─┴─┴─┴─┴─┴─┴─┘
    ─$\frac{4}{5}$m─ ─$\frac{3}{5}$m─
```

C4：線分図から求める。

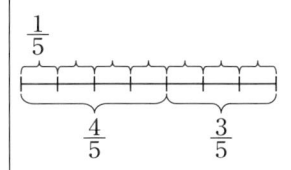

$\frac{1}{5}$

```
├─┼─┼─┼─┼─┼─┼─┤
  ──$\frac{4}{5}$── ──$\frac{3}{5}$──
```

C5：$\frac{4}{5}$は$\frac{1}{5}$が4つ。$\frac{3}{5}$は$\frac{1}{5}$が3つ。だから，全部で$\frac{1}{5}$が7つ。

C6：$\frac{4}{5}$は$\frac{1}{5}$が4つ。$\frac{3}{5}$は$\frac{1}{5}$が3つ。$\frac{1}{5}$を1あたりとして式に表すと
　　$4+3=7$　$\frac{1}{5}$が7つなので
　　$\frac{7}{5}$mになる。

○とまどっている児童（C1）には
　分数の意味を説明しながら図に表し，単位分数の個数を求めることに気付かせる。

○つまずいている児童（C2）には
　分数の意味を確認しながら，図に表し，「単位分数のいくつ分」かを求めることに気付かせる。

○解決している児童（C3〜C6）には
　解決できたことを認め，図に表されていることを線分図に表したり，式に表したりするよう促す。(C3)

　図や言葉で表されたことを式に置き換えて表現するよう促す。(C4)

　文章で表されたことを簡単な式に表し，説明できるように促す。(C5)

　自分の考えを分かりやすく説明できるように文章に表すよう指示する。(C6)

3 考えたことを説明し話し合う。 C1：自分の言葉で考えを説明する。 C2：自分の考えを説明する過程で，何につまずき，どうして修正したのか，また，どのように修正したのかも加えて説明する。 C3〜C5：既習事項を明らかにしながら説明する。友だちの説明との共通点や相違点を示しながら説明する。 C6：既習事項や既習の考え方を明らかにしながら説明し，考えのよさを伝える。	・「友だちの考えのよさ」に気付いたり，自分の考えを深めたりする。 ○とまどっていた児童（C1）には 　友だちの解決方法を聞きながら理解を深め，自分の方法を説明できるようにさせる。 ○つまずいていた児童（C2）には 　友だちの説明を聞きながらつまずきの原因を確かめ，より分かりやすい方法を通して理解を深めさせる。 ○解決した児童（C3〜C6）には 　自分の考えと比較しながら「どれも$\frac{1}{5}$を単位としていること」に気付かせ，既習の計算方法と統合的に考えさせる。
4 学習のまとめをする。 C：分数のたし算は，「もとになる分数のいくつ分」で表すと整数のたし算と同じように計算することができる。また，たし算の計算は，「もとになる数のいくつ分」で表すと整数，小数，分数にかかわらず，同じ計算方法でできる。	・学習のまとめのポイント ①分数のたし算は，分数を単位分数の個数で表し，整数の加法と同様に計算すればよい。 ②「ある数（単位）のいくつ分」という考え方を用いると，整数，小数，分数のどれも同じ計算方法で処理することができる。
5 学習内容をあてはめる。	

$$\frac{3}{7}+\frac{6}{7}を計算しよう。$$

C：$\frac{4}{5}+\frac{3}{5}$の計算の仕方の話し合いをもとに考える。 C：$\frac{3}{7}$は$\frac{1}{7}$が3つ。$\frac{6}{7}$は$\frac{1}{7}$が6つ。 　3+6=9　9は$\frac{1}{7}$が9つあることなので　$\frac{3}{7}+\frac{6}{7}=\frac{9}{7}$である。	・話し合いを通していちばんよいと思った方法で計算する。 ○問題1でとまどっていた児童（C1），つまずいていた児童（C2）を中心に支援する。

C：単位分数の個数で計算する方法は，他の分数のたし算の場合にも用いることができる。 C：ある数の個数を用いて計算する方法は整数や小数と同じである。	○解決した児童（C3～C6）は，より合理的な方法で解決できるよう促す。その際，どの計算も簡単に解決できることのよさを実感できるようにする。
6　学習を振り返り学習感想を書く。 C：分数のたし算も整数や小数のたし算の計算の仕方を使って計算することができる。 C：「もとになる数（単位）のいくつ分」という考え方は計算をするときにとても便利である。 C：友だちの考え方の□□がとても分かりやすかった。 C：△△さんの説明の仕方で××が分かりやすかった。自分が説明するときにまねしたい。	○問題解決をする際は，既習事項（仕方や考え方）を使うことが有効であることを確かめる。 ○友だちの考え方や説明の仕方から積極的に学ぶよさを確かめる。

（守田　聰美）

実践例 10　第4学年の「式と計算」

1．本単元の目標
　数量の関係を表す式について理解し，式を用いることができるようにする。四則の混合した式や（　）を用いた式について理解し，正しく計算することができる。

2．指導内容の前後関係
　本学級では3学年で初めて（　）の式を扱っており，3つの数のたし算の順序を変えるために用いる。その際，（　）はひとまとまりと見て，先に計算するしるしとして導入する。また1位数の3つの数のかけ算でも順序を変えるために用いる。また2学年で未知数として式を立てる際に□を用いることを学習している。
　本単元では1つの数（ひとまとまりの大きさ）を表すものとして（　）を用いることや，×や÷を使った式は1つの数（ひとまとまりの大きさ）を表すものとして学習を行う。また未知の数量を□と置くことに加え，□や○などの同じ記号には同じ数値を代入することを学習する。

3．本単元で大事にしたい数学的な考え方
【統合的な考え方】
　個々の事柄を抽象的にとらえ，その共通性を見いだして，同じものとする考え方である。本単元では，個々の事象を○や□などの記号で，一般的に表す仕方を学習する。いくつかの事象を並べ，それらを言葉の式でとらえ直すことにより，その共通点を見いだし，記号に置き換える過程の中で，統合的な考え方を身に付けさせていく。

4．児童の実態

　明るく活発な児童が多く，つぶやきがよく出る。発言が苦手な児童もいたが，学級活動で自主的な活動を重視していくことで，発言する児童たちが増えてきた。また，児童たちの意見をつなげてまとめたり，授業の流れが分かるように進めたりすることで，自分たちで授業を進めるようにもなってきた。算数が好きな児童が多いが，一方で苦手意識をもち，支援が必要な児童が若干名いる。立式をする際，問題の数量関係をとらえるために，数直線や言葉の式を使って問題の構造を読み取る活動を繰り返し取り入れて指導してきており，式からその事象を思い浮かべることができるようになりつつある。

5．指導の工夫

(1) 言葉と図と式とで表し，式で行われていることを構造的にとらえる

　計算のきまりの指導では，記号の並びの暗記に走り，なかなかそのきまりが身に付かないということがある。本実践ではアレイ図の○と●の合計を数える問題を取り上げ，次のように板書する。

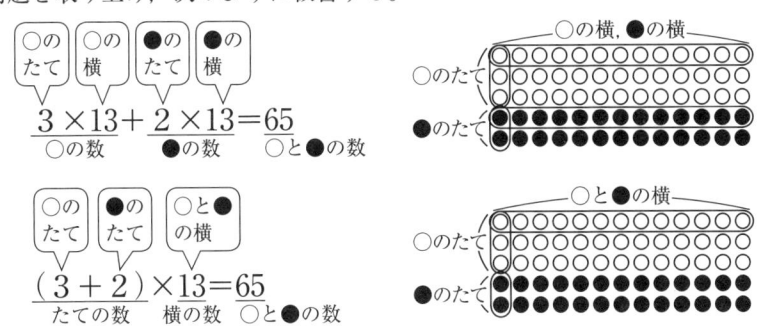

$$\underbrace{3 \times 13}_{\text{○の数}} + \underbrace{2 \times 13}_{\text{●の数}} = \underbrace{65}_{\text{○と●の数}}$$

（○のたて，○の横，●のたて，●の横）

$$\underbrace{(3 + 2)}_{\text{たての数}} \times \underbrace{13}_{\text{横の数}} = \underbrace{65}_{\text{○と●の数}}$$

（○のたて，●のたて，○と●の横）

　それぞれの数値と図とを言葉で結びつけておくことで，複雑な式で何が行われているか読むことができるようになる。またその後で，右の図を取り上げた際も同じように考えることができる。

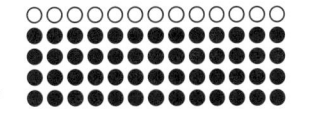

(2) 式の比較を通して，同じ数，記号の並びに着目させる

　(1)で結びつけた式と類似の問題で結びつけた式を並べて板書し，比較する活動を取り入れる。すると記号の並びと×の後は必ず13がくることに児童は気が

145

つく。そこで，13という数は何を表していたか問うと，その他の数値の共通性に気付かせることができる。それにより，数値は異なっていても同じ事柄を扱っていることに気付かせることができ，具体的な場面に結びつけた立式を行うことができる。

$$\fbox{3}\times13+\fbox{2}\times13=(\fbox{3}+\fbox{2})\times13$$
$$\fbox{1}\times13+\fbox{4}\times13=(\fbox{1}+\fbox{4})\times13$$

（○のたて／●のたて／○のたて／●のたて）

6．指導計画・評価計画（全8時間）

小単元	時間	ねらいと学習活動	評価規準
かっこを使った式	1	・言葉の式で表すこと，（ ）を用いた式の計算順序を理解する。（加法と減法の混合式）	考場面を（ ）を用いた式で表す方法を考えている。 関いろいろな事柄を1つの式で表そうとしている。
	2	・言葉の式で表すこと，（ ）を用いた式の計算順序を理解する。（加法と乗法の混合式）	考乗法と加法の2段階の場面を1つの式に表す方法を考えている。 知乗法，除法を加法，減法より先に計算することや，（ ）の中を先に計算することなどのきまりがあることを理解している。
	3	・四則の混合した式や（ ）を用いた式の計算の順序を理解し，計算をすることができる。	技問題の場面を1つの式で表したり，計算したりすることができる。
計算のきまり	4（本時）	・乗法と加法の分配法則を理解する。 $3\times13+2\times13=(3+2)\times13$	考2つの式の共通点を見つけ，式にまとめることができる。 関2つの式から共通点を見つけようとしている。
	5	・乗法と減法の分配法則を理解し，計算法則のまとめをする。 $6\times17-5\times17=(6-5)\times17$	考分配法則を，具体的な場面を通して調べ，○，△などの記号を用いて一般的に考え，説明できる。 知加減と乗法の分配法則を理解している。

計算のきまり	6	・交換法則，結合法則を一般式でまとめる。 ・加法の交換法則，結合法則，分配法則が小数でも成り立つことを理解し，計算のきまりを使って工夫して計算をすることができる。	考計算のきまりを使って，工夫して計算し，説明することができる。 知加法の交換法則，結合法則が小数でも成り立つことを理解している。
	7	・分配法則を用いて計算の工夫をしたりして，計算のきまりについて理解を深める。	考計算のきまりを使って，工夫して計算し，説明することができる。 技計算のきまりを使って，工夫して計算をすることができる。
	8	・既習事項の復習を行う。	

7．指導の実際（全8時間中の4時間目）

(1) **本時のねらい**
- 乗法と加法に関する分配法則を理解する。

(2) **本時の展開**

学習過程	・学習活動　　C児童の反応	考評価規準　☆支援 ※指導上の留意点
問題を把握する	・問題を把握する。 ○と●の数はいくつあるでしょうか。1つの式に表して，その数を求めましょう。 ○○○○○○○○○○○○○○○ ○○○○○○○○○○○○○○○ ○○○○○○○○○○○○○○○ ●●●●●●●●●●●●●●● ●●●●●●●●●●●●●●●	※児童にアレイ図を配布する。
見通しをもつ	・どのように解決するか見通しをもつ。 C1：たてに並ぶ○と●を合わせれば，一度で求められる。 C2：○の数と●の数をそれぞれ求めて，それを合わせる。	考1つの式に表して○と●の数の合計を求め，説明できる。

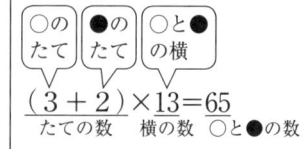

解決する	・計算の仕方を考え，説明をする。 C3：たてに並ぶ○と●を先に合わせると，式は 　　（3＋2）×13＝65　です。 C4：○と●をそれぞれ求めて合わせる式は 　　3×13＋2×13＝65　です。 T：これらの式は答えがどちらも同じになるので， 　　（3＋2）×13＝3×13＋2×13と等号で結ぶことができます。	※解決できたら，式や数値に言葉の説明を加えさせる。 ※児童の説明の後，教師が式に説明を加える。 ○の　●の　○と● たて　たて　の横 （3＋2）×13＝65 たての数　横の数　○と●の数 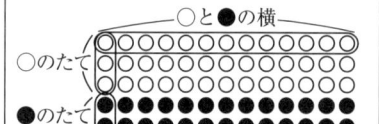 ○のたて ●のたて ○と●の横 ○の　○の　●の　●の たて　横　たて　横 3×13＋2×13＝65 ○の数　　●の数　　○と●の数 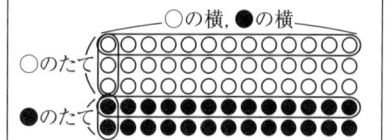 ○のたて ●のたて ○の横，●の横
類似の問題を解決する	・得られた解き方を使い，問題を解く。 T：他の図も同じような求め方で求められるでしょうか。 ○と●の数はいくつあるでしょうか。1つの式に表して，その数を求めましょう。 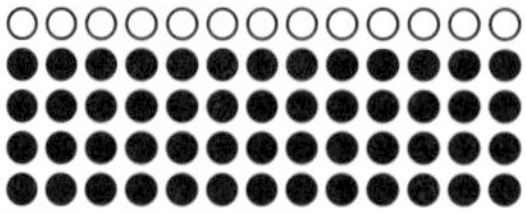 ○○○○○○○○○○ ●●●●●●●●●● ●●●●●●●●●● ●●●●●●●●●● ●●●●●●●●●● C5：さっきと同じように○と●を先に合わせて求めるのと，○と●の数をそれぞれ求める方法が使えそうだ。	※初めの問題でつまずいた児童を中心に机間指導を行う。 ※解決できた児童には，初めの問題と同様に，式や数値に言葉の説明を加えさせる。 ※この問題も初めの問題と同様に説明させ，教師が式に説明を加えていく。

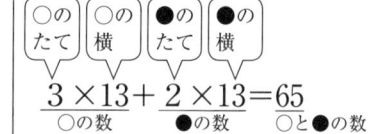

検討する	・2つの問題から得られたことを検討する。 （3＋2）×13＝3×13＋2×13 （1＋4）×13＝1×13＋4×13 T：この2つの式で、同じところはありますか。 C6：記号の並びが同じです。 C7：×の後は必ず13がきます。 T：13は何を表していますか。 C8：横の数です。 C9：他の数も同じで、○のたての数や●のたての数などは同じ並びになっています。 C10：どちらも（○のたて＋●のたて）×○と●の横＝○のたて×○の横＋●のたて×●の横　と表すことができます。	考言葉の式を使って一般化をすることができる。 （ノート） ※2つとも○と●を先に合わせて求めることと、○と●の数をそれぞれ求めることに気付くことができる。 ※言葉の式を用いて、同じ構造になっていることに気付くことができる。 ☆それぞれの数値が何を表しているか説明させる。 関2つの式の共通点を場面を基にして進んで見つけようとしている。
まとめる	・得られた結果をもとに、学習をまとめる。 T：いつでもどのような数を入れても成り立つので、記号を使って（○＋△）×□＝○×□＋△×□と表すことができます。	※同じ記号には同じ数字が入ることを押さえる。

8．考察（成果および今後の課題）

　本単元では1つのアレイ図を使って、きまりを見つける活動を行った。この授業だけでは分配法則の有用性に気付くことは難しい。減法と乗法に関する分配法則を学習した後で99×8や8×105などの学習を取り扱うことで、初めてこの分配法則の有用性に気付かせることができた。

　本単元だけでなく、普段から式を言葉の式で表したり、数値が何を表しているのか言葉で説明したりするなど、「式を読む」ことを習慣づけておくことで、本単元でのつまずきが少なくなってくる。系統性を意識して授業を行っていく必要がある。

（本橋　大喜）

実践例 11 第5学年の「合同な図形」

1．単元の目標および観点別評価規準

(1) 目標

図形の合同の意味や性質などを考えて理解し，合同な図形をかく活動を通して，平面図形についての見方や考え方を深める。

(2) 観点別評価規準

【関心・意欲・態度】
- 合同という観点で，図形の性質を見直したり，対角線に着目してできる図形をとらえたりして，学習に生かそうとする。

【数学的な考え方】
- 合同という観点から，図形の形や大きさを決める要素について考え，説明することができる。

【技能】
- 対応する辺の長さや角の大きさを用いて，合同な図形を弁別したりかいたりすることができる。

【知識・理解】
- 図形の合同の意味や性質，かき方が分かる。

2．指導計画・評価計画（全8時間）

時間	指導内容	評価規準
1	「合同」の意味について考え，理解する。	知 裏返してぴったり重なる場合も含めて，合同の意味が分かる。
2	頂点，辺，角について「対応する」の意味を知り，合同な図形の性質について考える。	考 対応する辺の長さや角の大きさに着目して，合同な図形の性質について考え，説明することができる。 知 合同な図形は対応する辺の長さ，角の大きさが等しいことが分かる。

3 (本時)	ひし形，平行四辺形，台形を対角線で分割してできた三角形は，合同といえるかどうかを考える。	考 ひし形，平行四辺形，台形を対角線で分割してできた三角形は，対角線の引き方に関係なく合同といえるかどうかを考え，説明することができる。
4 5	合同な三角形をかくのに，すべての構成要素を調べる必要がないことを見いだし，合同な三角形をかくことができる。	考 合同な三角形のかき方を考え，どの辺の長さや角の大きさを使ってかいたか説明することができる。 技 合同な三角形をかくことができる。 知 すべての構成要素を使わなくても合同な三角形をかけることが分かる。
6	三角形と平行四辺形の，形と大きさが決まる要素の違いを押さえ，合同な平行四辺形のかき方を考える。	考 合同な三角形のかき方をもとに，合同な平行四辺形のかき方を考え，説明することができる。 技 対角線で2つの三角形に分けて考えて，合同な平行四辺形をかくことができる。
7 8	学習内容を適用して問題を解決する。	技 学習内容を適用して，問題を解決することができる。 知 基本的な学習内容を身に付けている。

3．指導の実際（全8時間中の3時間目）

(1) ねらい

ひし形，平行四辺形，台形を対角線で分割してできた三角形は，合同といえるかどうかを考える。

(2) 既習事項の活用について

①本時における既習事項

〈知識・理解〉
- 合同の定義「ぴったり重なる2つの図形は合同である。」
- 合同な図形の性質「合同な図形では，対応する辺の長さは等しく，対応する角の大きさも等しい。」

〈考え方・態度〉
- 図形の見方や考え方（例）「三角形の定義『3本の直線で囲まれた図形を三角形という』を根拠に，三角形を弁別する。」

②活用の仕方

「既習の定義や性質を根拠にして説明する」という考え方を，合同の場合にもあてはめて説明する。

(3) 「数学的な考え方」を育てることとの関連

本時は，定義や性質を根拠に判断したり弁別したりし，それらについて論理的に説明するという，数学の内容に関係する考え方を育てるところに要点がある。この考え方は，例えば，「定義を根拠に図形を弁別する，『比例』の定義を根拠に2量の数量関係を判断する」などと同じ線上にある学習である。

(4) 本時の展開

児童の学習活動	☆評価規準　○主な支援　※指導上の留意点
1 【問題1】を理解する。	

【問題1】 ひし形を1本の対角線で2つの三角形に分けます。このとき，分けた2つの三角形は合同でしょうか。
　　その理由も説明しましょう。

| 2　合同といえるかどうかを考え，既習事項を根拠に説明する。
C1：【問題1】への取り組み方が分からない。
・作業の様子や記入の跡がない。
C2：根拠が合同の意味と関係していない。
・形が同じだから。
C3：構成要素に着目しているが，根拠が合同の意味に対して不十分。
・角の大きさが等しいから。
・辺の長さが等しいから。

C4：構成要素に着目していて，根拠を合同の意味と関係づけている。
・2つの三角形を重ね合わせると，ぴったり重なるから。 | ☆ひし形を対角線で分割してできた三角形は，対角線の引き方に関係なく合同といえるかどうかを考え，説明することができる。
○とまどっている児童（C1，C2）には
・学習への取り組みを促す。
・問題の意味を説明し直したり，既習事項を振り返らせたりして問題解決に向かわせる。
○つまずいている児童（C3）には
・理由を考えたこと自体を認め，既習事項をもとに不足している内容を補う助言をする。
○解決している児童（C4）には
・既習事項をもとに，不足している内容を補う助言をする。
・2人組で説明し合うよう指示する。あるいは板書を促す。 |

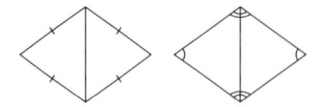

・2つの三角形の対応する角の大きさと，対応する辺の長さを調べると，それぞれがどれも等しかったから。 ・2つの三角形の角の大きさと辺の長さを実際に調べると，全部同じだったから。	※評価規準「㋖対角線の引き方に関係なく」にそって，対角線を下図のように引いて考えている例も取り上げ，共通する考え方を抽出する。
3　考えたことを説明し，話し合う。 C5：【問題1】への取り組み方が分からない。 C6：根拠が合同の意味と関係していない。 C7：構成要素に着目しているが，根拠が合同の意味に対して不十分。 C8：構成要素に着目していて，根拠を合同の意味と関係づけている。	○「友だちの説明から学ぶ」ことを促し，必要な修正をさせる。 ○とまどっていた児童（C5，C6）には ・友だちの解決方法の中から考えやすい方法を選び，解決させる。 ○つまずいていた児童（C7）には ・自分のつまずきがどこかを明らかにして考え方を修正させる。 ○解決した児童（C8）には ・自分の解決の仕方と比べながら，「対角線の引き方に関係なく」に迫らせる。
4　学習のまとめをする。 C9：ひし形は，対角線の引き方に関係なく分割してできた三角形は合同といえる。その理由は，対応する角の大きさが等しく，対応する辺の長さが等しいから。	※学習のまとめのポイント ①2つの図形が合同といえるかどうかを判断するには，対応する角の大きさがすべて等しいこと，対応する辺の長さがすべて等しいことを調べればよい。 ②合同の意味（既習事項）を正しく理解し，それに照らし合わせて調べるという学習の仕方を身に付けることが大事である。
5　学習内容をあてはめる。	

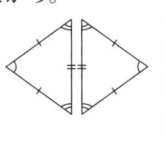

【問題2】　平行四辺形と台形をそれぞれ1本の対角線で2つの三角形に分けます。このとき，分けた2つの三角形はそれぞれ合同でしょうか。その理由も説明しましょう。

	㐂平行四辺形，台形を対角線で分割してできた三角形は，対角線の引き方に関係なく合同といえるかどうかを考え，説明することができる。 ○とまどっている児童（C10，C11），つまずいている児童（C12）を中心に支援する。 ・合同の定義や合同な図形の性質を確かめさせ，2つの三角形がこれらの条件を満たしているかを調べる問題解決の仕方を指導する。

C10：【問題2】への取り組み方が分からない。
・作業の様子や記入の跡がない。

（平行四辺形）　　　　　　　　　　　（台形）

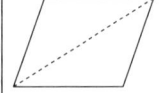

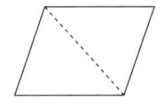

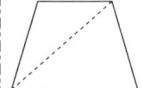

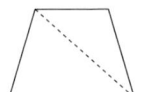

C11：根拠が合同の意味と関係していない。

・形が同じだから。	・形が違うから。

C12：構成要素に着目しているが，根拠が合同の意味に対して不十分。

・角の大きさが等しいから。	・角の大きさが違うから。
・辺の長さが等しいから。	・辺の長さが違うから。

C13：構成要素に着目していて，根拠を合同の意味と関係づけている。

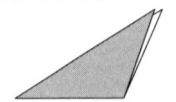

・2つの三角形を重ね合わせると，ぴったり重なるから。	・2つの三角形を重ね合わせても，ぴったりとは重ならないから。
・対応する角の大きさが等しく，対応する辺の長さが等しいから。	・対応する角の大きさや対応する辺の長さが等しくないから。

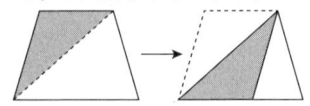

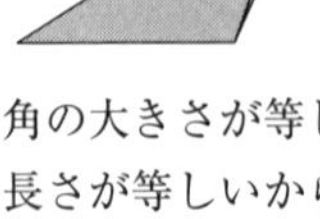

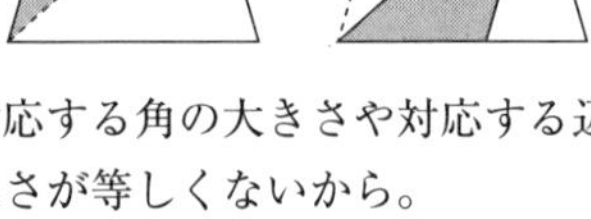

・2つの三角形の角の大きさと辺の長さを調べると，全部同じだから。 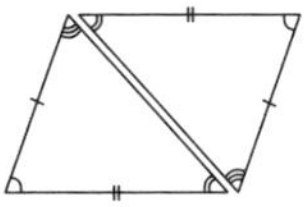	・2つの三角形の角の大きさと辺の長さを調べると，全部同じにならないから。
6　学習を振り返り，学習感想を書く。 C14：合同かどうかは定義や性質と結びつけて考えればよいことが分かり，【問題2】が簡単に解けてうれしかった。 C15：友だちの説明を聞いて，説明の仕方が分かってよかった。	※授業の初めを振り返り，新しい問題を解決するときの既習事項を使う大切さを意識づける。

(5) **板書計画**

```
《課題》　合同といえるかどうかを考えよう。

【問題1】　ひし形を1本の対角線で2つの
　　三角形に分けます。このとき，分けた2
　　つの三角形は合同でしょ
　　うか。その理由も説明し
　　ましょう。

［考え方］
2つの三角形を　　2つの三角形の対応する
重ねると，ぴっ　　角の大きさと，対応する
たり重なるから，辺の長さを実際に調べる
合同です。　　　　と，それぞれがどれも等
　　　　　　　　　しかったから，合同です。

　　　　　　　　　　　A　　対応　　D
　　　　　　　　　　　B　C　E　F
　　　　　　　　　　　　　　対応

［まとめ］ひし形は，対角線の
引き方に関係なく分割してでき
た三角形は合同といえる。その
理由は，対応する角の大きさが
等しく，対応する辺の長さが等
しいから。または，2つの三角
形は，ぴったり重なるから。

【問題2】　平行四辺形と台形
をそれぞれ1本の対角線で
2つの三角形に分けます。
このとき，分けたそれぞれ
2つの三角形は合同でしょ
うか。その理由も説明しま
しょう。
```

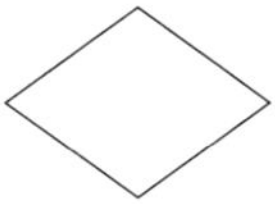

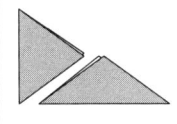

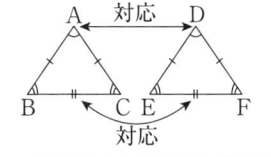

〈参考文献〉
小島宏（2008）『算数科の思考力・表現力・活用力』文溪堂

（柴田　忠幸）

実践例 12 第5学年の「単位量当たりの大きさ」

1．この実践例における提案
(1)「割合」と「単位量当たりの大きさ」

　学習指導要領では，「割合」は数量関係に，「単位量当たりの大きさ」は量と測定の領域に属している。しかし，この両者は，比例関係にある2種の数量の関係を加法・減法的（差）ではなく乗法・除法的（割合）でとらえ，数量の関係を考察する点では同じ考え方だといえる。違いは，割合が例えば打数〈全体〉とそのうちの安打数〈部分〉という同種の量を比較し，安打は打数のどれだけの割合に当たるか考察するのに対し，単位量当たりの大きさは，例えば単位量 $1\,km^2$ に住んでいる人口で比較し，混み具合を調べるというように，異種の二量で表される割合を考察する点にある。

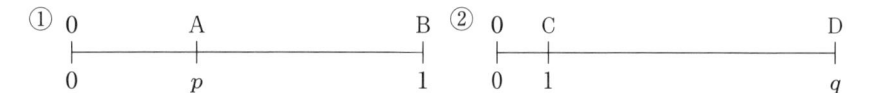

① 0 ─────── A ──────── B　② 0 ── C ─────────── D
　 0　　　　 p　　　　 1 　　 0　 1　　　　　　 q

　①の数直線は，上段に安打数Aと全打数Bを取り，下段にAがBのどれだけに当たるかという割合 p を取ると，打率という割合を表す数直線となる。②の数直線は上段にその国の人口Dを取り，Dに対応する下段にその国の面積 q（km^2）を取り，下段の1に対応する上段の数値Cを取ると人口密度を表す数直線となる。同じように数直線で表すことができるのは，割合と単位量当たりの大きさは，二量の関係を割合の見方で考察する点で同じ見方だからである。

　ある量とその割合を表す場合には，打率のように「率」を使い，異種の二量の割合を表す場合には，人口密度のように「度」を使う。

(2) 異種の二量の「割合」としての「単位量当たりの大きさ」

　学習指導要領算数編「第5学年の内容」の「B　量と測定」には以下のように示されている。

> (4) 異種の二つの量の割合としてとらえられる数量について，その比べ方や表し方を理解できるようにする。
> 　ア　単位量当たりの大きさについて知ること。

　「異種の二つの量の割合としてとらえられる数量」という表現そのものが大変に分かりにくい。また，「率」と表される割合は，日常生活でもよく目にするが，「度」と表される単位量当たりの大きさは，「率」に比べて，日常生活で目にすることが少ない。したがってこの学習は，児童にとって理解が難しい教材の一つとなっている。

　しかし，この考え方の素地は，乗法（第2学年），除法（第3学年），小数の乗除（第5学年）の場面で，「ドングリが3つのっているお皿が4あるときドングリは全部で何個か」，あるいは「12個のドングリを4つずつ分けると何皿になるか」，また「1 dLで2.5m²塗れるペンキ3.4dLではどれだけの面積に塗れるか」のように，たびたび用いられてきている。本単元ではそれらを想起させ，改めて「単位量当たりの大きさ」としてとらえ直す学習を行う。

(3) 難しさを克服し数学的な考え方を定着させるために

　本単元で大切にしたい数学的な考え方は次の通りである。
① 　比例関係にある異種の二量について考察する。
② 　したがって，片方の量が2倍，3倍，4倍，…となれば，もう一方の量も2倍，3倍，4倍，…となる。
③ 　このとき，対応する二量の割合は変化しない。
④ 　この割合を「単位量当たりの大きさ」と名付け，考察する。
⑤ 　単位量当たりの大きさには，加法性がない（内包量である）。
⑥ 　例えば人口密度が高いかどうかを調べるには，面積と人口とを組み合わせ，その割合を調べなければならない。
⑦ 　そのとき，①～⑥に着目して，二量の一方，例えば面積をそろえてもう一方の量，人口の数値で比較する方法がある。
⑧ 　どちらの量の数値をそろえるかによって，数値の大小の意味，例えば人口密度が高いのか，低いのかを判断しなければならない。
⑨ 　3つ以上の国の人口密度を能率的・いつでも比べられるようにするには，単位量当たりの大きさを用いると便利である。

⑩ 人口密度などのような，ならして全体が一様であるとする見方，すなわち「平均」で学んだ統計的な見方が必要となる。

2．指導の実際
ア　単元の目標および観点別評価規準
(1) 目標

単位量当たりの大きさの意味が分かり，単位量当たりの大きさで表したり，比べたりすることができる。

(2) 観点別評価規準

① 単位量当たりの考えを用いると，数値化して比較できることのよさに気付き，生活に生かそうとする。（関心・意欲・態度）

② 異種の二量について，どちらかの単位量にそろえるとよいことに気付き，表し方や比べ方について考えたり，説明したりすることができる。（数学的な考え方）

③ 単位量当たりの考えを用いて，混み具合や身の回りの数量を比較することができる。（技能）

④ 異種の二量の割合について，意味とその求め方を理解する。（知識・理解）

イ　指導計画・評価計画（全6時間）

時間	目標	指導内容	おもな評価規準
●単位量当たりの大きさ			
1・2（本時）	・面積，羽数が異なる場合の混み具合を比べる。 ・単位量当たりの意味を知る。	・面積とうさぎの数が違う3つの小屋の混み具合の比べ方を考える。 ・アとイ，イとウを比べ，羽数か面積のどちらかをそろえて比べる。 ・アとウの比較を通して，羽数または面積のどちらかをそろえるより，1m²当たりの羽数または1羽当たりの面積で比べる方が便利であることに気付く。	考面積か羽数のどちらかの数値をそろえて混み具合の調べ方を考え，説明することができる。 関単位量当たりの考えのよさに気付く。
3	・人口密度の意味と求め方を理解する。	・北京市とバンクーバー市の人口の混み具合を比べる。	技人口の混み具合の調べ方を考え，説明することができる。

		•「人口密度」を知り，人口密度を求め，比べる。	(知)人口密度の意味を理解している。
4	•単位量当たりの考え方を用いて調べることができる。	•米のとれ具合を，単位量当たりの大きさの考えを用いて調べる。	(技)単位量当たりの考えを用いて，米のとれ具合を比べることができる。
5	•単位量当たりの考え方を用いて問題を解決する。	•１m当たり７gの針金で工作するとき，52.5gの作品では何mの針金を使ったか考える。 •身の回りから単位量当たりの考えを使っている場面を探す。	(考)単位量当たりの考えを用いて，全体の量の求め方を考え，説明することができる。
6	•学習内容を確実に身に付ける。	•「力をつけよう」に取り組む。	(知)学習内容を活用して，問題を解決することができる。

ウ　**本時の概要**（全６時間中の１・２時間目）

①　ねらい　うさぎ小屋の混み具合を調べる方法について考え，説明することができる。単位量当たりの大きさの考え方を見つけることができる。

②　展開　　オリエンテーションを含め90分扱いの授業である。

	指導内容	☆評価　○支援　※留意点
問題把握1	**1　単元導入のオリエンテーション。** T：どちらのプールが混んでいるか。 C：左のプールが混んでいる。 T：なぜ，左のプールが混んでいるのか。 C：プールの面積が狭いから。 C：人数が同じで，左のプールの面積が狭いから。 T：駅のホームの様子。どちらが混んでいるか。理由も考える。 C：下の方が混んでいる。同じホームで，下の方のホームにはたくさん人がいるから。 T：この畳のへやは，どちらが混んでいるか。	※プロジェクターで提示する。   ○人数が同じなら，面積で比べられることに気付かせる。  

	C：人がぎゅうぎゅうになっているから，右。 C：右のへやにはあいている畳があるから，左のへやが混んでいる。 C：畳1枚に一人ずつになるよう移動すると右も左も6畳ずつになるから，どちらも同じ。 C：面積も人数も同じだから，どちらも同じ。 C：畳1畳当たりの人数，または一人当たりの畳の数を見ればよい。	○「混んでいる」かどうかは，人数と面積の二量に関係していること，および見た目だけでは比べられないことに気付かせる。 ○平均してならすと調べられることを確認する。 ☆単位量当たりの考えに気付いている。
問題把握2	2 問題を把握する。 T：この問題を解いてみましょう。 ア，イ，ウ のうさぎ小屋の混んでいる順番を調べましょう。 T：何が分かれば比べられますか。 C：面積。 C：うさぎの数。 T：混んでいる順番を調べる方法を1つ見つけたら，他の方法がないかもう1つ考えてみましょう。 　　　　　　　　　　　以下省略	 | | 面積(m²) | うさぎの数(羽) | |---|---|---| | ア | 6 | 9 | | イ | 6 | 8 | | ウ | 5 | 8 | ○面積（または羽数）をそろえた児童に，羽数（または面積）をそろえる仕方をさせる。

③ 個人解決と検討の様子

C1　面積をそろえる作戦

〈アとイ〉面積が同じなので，アの方が混んでいる。
〈アとウ〉6と5の最小公倍数で30m²にそろえる。
ア…5倍する。　　$6 \times 5 = 30$（m²）
　　　　　　　　　$9 \times 5 = 45$（羽）
ウ…6倍する。　　$5 \times 6 = 30$（m²）
　　　　　　　　　$8 \times 6 = 48$（羽）
アよりウの方が混んでいる。
だから，ウ，ア，イの順番になる。

> C2　うさぎの数をそろえる作戦
> 〈イとウ〉うさぎの数が同じなので，ウの方が混んでいる。
> 9と8の最小公倍数で72羽にそろえる。
> ア…8倍する。　　9×8＝72（羽）
> 　　　　　　　　6×8＝48（m²）
> ウ…9倍する。　　8×9＝72（羽）
> 　　　　　　　　5×9＝45（m²）
> アよりウの方が混んでいる。
> だから，ウ，ア，イの順番になる。

> C3　1m²当たりのうさぎの数で比べる作戦
>
> ```
> 0   □        6
> ├───┼────────┤ （羽）
> ├───┼────────┤ （m²）
> 0   1        9
> ```
> ア…9÷6＝1.5（羽）
>
> ```
> 0   □        8
> ├───┼────────┤ （羽）
> ├───┼────────┤ （m²）
> 0   1        6
> ```
> イ…8÷6＝1.33（羽）
>
> ```
> 0   □        8
> ├───┼────────┤ （羽）
> ├───┼────────┤ （m²）
> 0   1        5
> ```
> ウ…8÷5＝1.6（羽）

前半45分で個人解決まで，後半45分で検討・まとめまでというように90分（2単位時間）を使った。

個人解決場面では，C4「1羽当たりの面積を比べる考え方」C5「差で比べる考え方」が見つけ出された。検討場面では，C1～C5について話し合い，下の表にまとめた。小屋が3つある場合には，C3・C4の「単位量当たりの大きさ」で比べる考え方が便利だとまとめて，授業を終えた。

（小玉　祥史）

検討の中でまとめた表

	面積(m²)	うさぎの数（羽）	30m²にそろえる	1m²にそろえる（1m²当たり）	うさぎ72羽にそろえる	うさぎ1羽にそろえる（1羽当たり）
ア	6	9	30m²で45羽	1m²当たり1.5羽	72羽で48m²	1羽当たり0.67m²
イ	6	8	30m²で40羽	1m²当たり1.3羽	72羽で54m²	1羽当たり0.75m²
ウ	5	8	30m²で48羽	1m²当たり1.6羽	72羽で45m²	1羽当たり0.63m²

〈引用・参考文献〉
片桐重男著（1988）『数学的な考え方・態度とその指導1　数学的な考え方の具体化』明治図書
吉川成夫・小島宏編著（2009）『算数科・算数的活動＆活用力育成の実践例』明治図書

実践例 13 第5学年の「小数のわり算」

1．単元の目標および観点別評価規準

(1) 目標

小数の除法の意味について理解し，それらを適切に用いることができる。

(2) 観点別評価規準

【関心・意欲・態度】
・整数の除法の仕方をもとにして小数の除法の仕方を考えようとする。

【数学的な考え方】
・整数の除法で成り立っていた関係やきまりを使って，小数の除法の意味や計算の仕方を考え，説明することができる。

【技能】
・小数の除法の計算が筆算でできる。

【知識・理解】
・小数の除法の意味と計算の仕方，あまりのあるときの処理の仕方，商を概数で求める仕方が分かる。

2．指導内容の前後関係

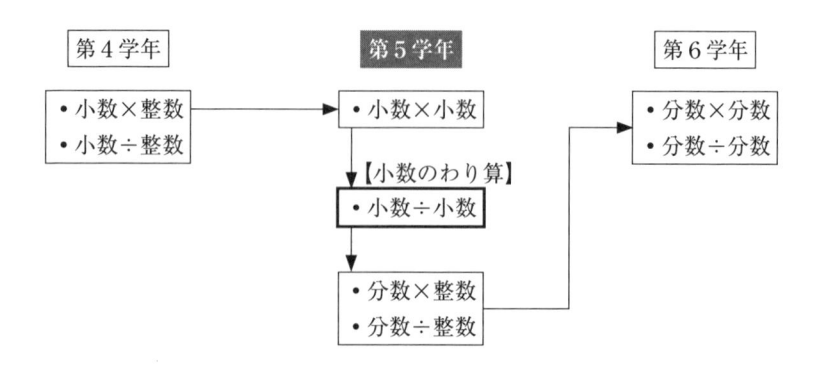

第4学年	第5学年	第6学年
・小数×整数 ・小数÷整数	・小数×小数 【小数のわり算】 ・小数÷小数 ・分数×整数 ・分数÷整数	・分数×分数 ・分数÷分数

3．児童の実態
(1) **学習全般の実態**
- 学習に対して意欲的な児童が多いが，考えることは苦手である。

(2) **算数学習の実態**
- 算数に苦手意識をもっている児童が多い。
- 既習事項が定着していない児童がいる。

(3) **本単元に関する実態**
- 既習事項（整数の除法）が身に付いていない児童がいる。
- 小数の乗法のときに，数直線を用いて演算決定ができるようにした。

4．単元の指導について
(1) **指導の工夫**
- 本単元では，演算決定に重点を置いた。そこで数直線を媒介にしながら，小数の乗法の意味づけをしていることを前提として，小数の除法の演算決定をさせ，その後計算の仕方や，筆算へと結びつけていくこととした。

(2) **算数的活動の効果的な取り入れ方**
- 立式の根拠を明らかにするために，数直線を取り入れる。乗法の式をもとに，除法は乗法の逆算として統合していることを明らかにした。
- 小数の除法の計算の仕方は，数直線をもとに，整数に直して考えられることに気付かせる。そこから，計算の仕方を考えたり，除法の計算のきまりを用いて計算の仕方を考えたりすることができた。
- 数量の関係を数直線に表すことにより，商と被除数の大小関係を見いだすこともできた。

(3) **数学的な考え方（思考力，判断力，表現力）の育成**
- 除法の意味について，整数の除法や小数の乗法の意味に関連付けて考えさせるために，数直線を用いて指導する。そして，小数の除法の演算決定や，計算の仕方を，既習の乗法や除法の考え方を根拠に数直線で説明できるようにする。
- 筆算については，除法のきまり（同じ数をかけても，割っても，商は変わらないこと）から，除数だけ整数にすれば計算ができるということを気付かせるようにする。さらに，あまりの出し方は，筆算の意味や問題文から

考え，それを説明できるようにする。

5．指導計画・評価計画（全10時間）

時間	指導内容	評価規準
1（本時）	小数でわる意味と立式，計算の仕方を既習と関連付けて考える。	考除数が小数であっても，整数と同じように除法になることを既習と関連付けて考え，立式することができる。
2	（整数）÷（小数）の答えの求め方について，いろいろな方法で考え，理解する。	考いろいろな方法で，小数の除法の計算の仕方を考え，説明することができる。
3	（整数）÷（小数）の筆算の仕方を考え，理解する。	関除数の小数を整数に直す工夫をして計算しようとする。
4	（小数）÷（小数）の計算の仕方を除法のきまりを使って考える。	考除法のきまりを活用して，小数の除法の計算方法を考え，説明することができる。
5	（小数）÷（小数）の筆算の仕方を考える。小数の除法の筆算の仕方をまとめる。	技（小数）÷（小数）の筆算ができる。
6	0を補い，わり進める計算の仕方を考える。一の位に0が立つ場合の計算の仕方を考える。	技いろいろな場合の小数のわり算が筆算でできる。
7	1より小さい数でわると，商は被除数より大きくなることを知り，除数による商と被除数の関係を理解する。	知具体的な場面や，数直線をもとにして，商と被除数の関係が分かる。
8	÷（小数）の計算で，あまりのある場合について，あまりの意味を考え，小数点のつけ方を知る。	知問題場面をもとに，あまりの大きさや小数点の位置が分かる。
9	商を適当な位で四捨五入して，	知商を適当な位で四捨五入する意味や方

	概数で求める意味や方法を知る。	法が分かる。
10	既習事項の確かめをして，理解を深める。	㊂問題を数直線で表し，演算決定や計算ができる。 ㊅基本的な学習内容が分かる。

6．指導の実際（全10時間中の1時間目）

児童の学習活動	☆評価規準　○主な支援　※指導上の留意点
1　問題を理解する。	

2Lで390円と1.6Lで360円のオレンジジュースが売っています。
どちらのジュースを買う方が得でしょうか。

C1：どちらが得か分かりづらい。 C2：比べている量が違うから分からない。 T：この場面を数直線で表してみましょう。 0　　　　　　　　　　　390　（円） ├─────────────┤→ ├─────────────┤→ 0　　　　　　　　　　　2　（L） 0　　　　　360　　　　　（円） ├──────┤────────→ ├──────┤────────→ 0　　　　　1.6　　　　　（L） C3：両方とも1Lにそろえて値段を比べたらどちらが得か分かりそう。 C4：今までは，1L当たりの値段が分かっていたのに，これでは分からない。	○さし絵を用意し，さし絵を読みながら課題を把握できるようにする。 ○実際のペットボトルを用意し，体感させたり，実物を見せたりしながら予想を立てるような活動も取り入れる。 ○数直線は，かけ算の時を思い出しながら，書かせる。 ○1L当たりの値段が示されていないことに気付かせるようにし，値段を□とし，乗法で立式させるようにする。 ○1Lの値段を求めることを課題として設定し，数直線と乗法の式から考えられるようにする。

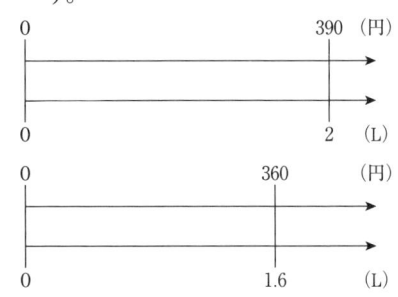

1L分の値段を求めるには，どのような式にしたらよいか考えよう。

2　解決の見通しをもつ。 C5：1L当たりの値段を□として考えて，数直線で表すと分かりやすい。 C6：2Lの値段はすぐに分かりそう。	※1　除数が小数であっても，整数と同じように除法を成り立たせる意味を考え，立式することができる。（数学的な考え方）

165

C7：□を使って，かけ算の式が立てられそう。 C8：1.6Lのジュースも同じように数直線で表せば，式が立てられそう。	○自力解決に向けて，なかなか見通しをもてない児童には，数直線や実物を参考にさせて，解決できるようにする。
3　解決をする。 T：数直線を使いながら，自分なりの考えで，答えを求めてみましょう。 　0　　　　　□　　　　　　390　（円） 　├───┼────┼────┤→ 　├───┼────┼────┤→ 　0　　　　1　　　　2　　　（L） 　0　　　　　□　　　360　　　（円） 　├───┼────┼────┤→ 　├───┼────┼────┤→ 　0　　　　1　　　1.6　　　（L）	○数直線に1mを付け加えさせることにより，数直線の理解が十分かを見るようにする。 ○数直線を用いて乗法の式に表し，除法は乗法の逆の関係にあることから，除法が成り立つことをとらえられるようにする。
4　発表する。 T：数直線にしたことで，気がついたことはありますか。 C9：これなら，式も立てられる。 C10：□を使って，かけ算の式にしていくと，□×2＝390になります。だから，□を求めるには，わり算を使えばいい。 C11：□×2＝390 　　　□　＝390÷2 　　　□　＝195 　　だから，2Lのジュースは，1L当たり195円です。 C12：1.6Lも同じように□を使って考えていけばよい。 C13：式にすると， 　　　□×1.6＝360 　　　　□＝360÷1.6 C14：式は分かるけど，計算が分からない。	※問題場面をしっかり把握し，小数でわる意味を理解することができるように，式と図，数直線などとを対応させながら板書したり，それぞれの方法の似ている部分を発表し，確認する活動を設けたりする。

T：1.6Lのジュースの1Lの値段は，およそどれくらいになりそうですか。 C15：1.6Lで360円だから，半分の180円よりは少し高いのではないか。 T：1.6Lのジュースは，どのように考えれば1L分の値段が分かりそうですか。 C11：数直線を使って，0.1Lの代金を求めて，それを10倍にして考えます。 　　（360×10）÷（1.6×10） 　　＝3600÷16 　　＝225だから，225円です。	○　計算の仕方を，数直線を用いて説明させるようにする。
5　まとめをする。 T：今回の問題に対して，どちらが得といえそうですか。 C12：2Lのジュースの方が得といえる。 C13：こういうときは，わり算を使って考えていけばよい。 T：そうですね。次回は，360÷1.6の計算の仕方について考えていきましょう。	○自分自身で「分かったこと，できるようになったこと」など自己評価できるようにする。 ○次時で，計算の仕方について見通しをもてるようにする。

7．考察（成果および今後の課題）

　数直線は，算数の苦手な児童でもイメージがもちやすく，効果的であることが分かった。また，小数のかけ算と関連付けながら指導したことで，思考パターンもとぎれることなく，スムーズに理解することができた。

　しかし，すべての児童に定着したかと言われると，そういうわけでもない。算数に得意意識をもつ児童や，すでに学習している児童にとっては，数直線の必然性があまり感じられず，定着しにくい。今後出てくる「分数のかけ算，わり算」で混乱しないよう，引き続き指導していくことが大切であると感じた。

〈参考文献〉
新算数教育研究会編（2010）『講座　算数授業の新展開5　第5学年』東洋館出版社

（永瀬　晃子）

実践例 14

第6学年の「比例と反比例」

1．単元の目標
- 比例・反比例の関係について理解し，式・表・グラフを用いてその特徴を調べる。
- 比例・反比例の関係を用いて問題を解決する。

2．観点別評価規準
【関心・意欲・態度】
- 身の回りから，比例・反比例の関係となっている，伴って変わる2つの量を見つけ出そうとする。
- 比例・反比例の関係を利用して，問題を解決しようとする。

【数学的な考え方】
- 伴って変わる2つの量について，根拠を示して比例しているかどうか，反比例しているかどうかを判断することができる。
- 比例・反比例の関係を用いて，問題を解決することができる。

【技能】
- 比例・反比例関係を，表やグラフ，式に表すことができる。
- 表やグラフ，式を見て，比例・反比例の関係にあるかどうかを判別することができる。

【知識・理解】
- 比例・反比例関係の意味や性質，グラフの特徴が分かる。

3．単元について
「伴って変わる2つの量」の関係については，前学年までに表やグラフなどを用いて調べることを中心に学習している。児童は伴って変わる2つの量について，「一方が増えると（減ると），もう一方も増える（減る）」，「一方が増え

ると（減ると），もう一方は減る（増える）」というような簡単な相関関係を見つけることができるようになっている。また，簡単な比例関係について，表や，言葉を使った式に表して調べる学習も行っている。

　本単元では，これまで学習してきた関数的見方をまとめ，発展させるという立場で，比例・反比例の関係になっている2つの数量を中心に考察し，関数的見方，考え方を一層伸ばすことを意図している。

　日常の事象の中で「伴って変わる2つの量」の関係は数限りなくあり，比例・反比例はその中の特徴ある1つの変わり方である。本単元においては，伴って変わる2つの量関係を

　①伴って変わる2つの量を抽出する

　②伴って変わる2つの量の変化を表現し追究する

　③伴って変わる2つの量の関係を式化してとらえる

という手順を踏んで考察する。

4．本単元で育てたい「数学的な考え方」

　本単元では2つの量の関係を，根拠を示して判断する力を身に付けさせたい。その際，比例・反比例の関係を判断する根拠として，5年次までは表やグラフの特徴を用いたが，本単元では，式も根拠としてあげられることをめざす。

　式を根拠として判断する力の重要性は，次の点でも明らかである。

(1)　比例・反比例の関係におけるつまずきをなくす

　比例・反比例の関係では，小学校算数での次のような誤った理解が，中学校数学でのつまずきになっていると考えられる。

・『xとyが比例関係にあるとき，xが増えれば（減れば）必ずyも増える（減る）』

　⇨小学校算数では，定数が常に正の数なので，一方が増えれば（減れば）もう一方も必ず増える（減る）。しかし，中学校数学において，例えば，「$y = -2x$」のように，定数が負の数になるとxの値が大きくなるにつれyの値は小さくなっていくため，混乱してしまう。

・『一方が増えた（減った）とき，もう一方が減った（増えた）場合は反比例』

　⇨一方が増える（減る）とき，もう一方が減る（増える）関係が必ずしも反比例とは限らない。

比例（反比例）関係についての誤った理解は，式化して判断する力を身に付けることによって防げると考えられる。

(2) 関数的見方・考え方を伸ばす

　関数的見方・考え方とはつまり，2つの量の関係を式化することによって，より客観的に，抽象的にとらえる見方・考え方ともいえる。さらに式化して判断することは「定義に照らし合わせて判断する」という基本的な数学的態度を身に付けることにもつながる。式化については，系統立てて指導していくことが重要である。※

※「伴って変わる2つの量」にかかわる「式表現」の系統

3年	・□などを用いた式 　主に未知数を□として式に表す。 　$10+□=15$　　$□×10=500$
4年	・□や○を使った式 　1あたりの量×□=○
5年	・変わり方のきまりを式に表す 　決まった数×□=○　（比例）
6年	・文字を用いた式 　2つの量の関係をxとyで表す。　$y=$決まった数$×x$（比例） 　　　　　　　　　　　　　　　　　$x×y=$決まった数（反比例） 　式が表す場面を読み取る。

5．指導計画・評価計画（全14時間）

小単元	時間	学習活動	評価規準
1 比例	1	・紙の束の枚数を調べる方法を考える。 ・関係を表に表し，比例関係にあることを確認する。	関考表を横に見る見方から，枚数と厚さ，枚数と重さが比例関係であることを判断することができる。
	2 (本時)	・水を入れる時間と深さの関係を調べる。 ・関係式を用いて，yの値を求める。	知表をたてに見る見方から，$y=$決まった数$×x$という式を導くことができる。 考関係式を用いて，問題を解決することができる。

1 比例	3	・身の回りから，比例している2つの量を見つける。	関考身の回りから比例している事象を見つけ出したり，考察したりすることができる。
2 比例のグラフ	4	・比例の関係のグラフへの表し方を考え，かき方を理解する。	知比例のグラフのかき方を理解する。
	5	・比例の関係を式に表したり，グラフにかいたりする。	技比例する事象を式に表し，その式をもとにグラフにかくことができる。
	6	・グラフを見て，比例しているかどうかを判断したり，数値を読んだりする。	知比例のグラフを読むことができる。
	7	・おもりの重さ x g とゴムの伸びる長さ y cm について，比例関係を用いて求めることができる。	考比例関係を用いて問題を解決することができる。
	8	習熟，練習	
3 反比例	9	・面積が一定の長方形のたてと横の長さの関係を調べる。 ・反比例の定義と性質を知る。	関考2つの量の変化の様子を表に表し，その変化や対応の様子を調べることによって，反比例の意味を知る。
	10	・ある事象を表に表して反比例しているかどうかを判断する。 ・反比例している2つの量の関係を式に表す。	考反比例する事象を，式を根拠に判断することができる。
4 反比例のグラフ	11	・反比例の関係のグラフへの表し方を考え，かき方を理解する。	技反比例のグラフのかき方を理解する。
	12	・反比例の関係を式に表したり，グラフにかいたりする。	技反比例する事象を式に表し，その式をもとにグラフにかくことができる。
	13 14	習熟，発展問題に取り組む。	考反比例の関係を用いて問題を解決する。

6．本時の展開（全14時間中の2時間目）
(1) ねらい
- 比例関係にある2つの量の変わり方を表した表から決まった数を見いだし，「$y=$決まった数$\times x$」という関係式を導くことができる。
- 関係式を用いて，問題を解決することができる。

(2) 展開

学習活動	※評価　◇教師の支援および指導の留意点
1　既習内容を振り返る。	
水そうに水を入れる時間（x）とたまる水の深さ（y）の関係について調べる。	
・xとyの変わり方を表に表す。 ・xとyの関係を調べる。	◇2つの量の関係を調べるには，表に表せばよいことに気付かせる。
<table><tr><td>x（分）</td><td>1</td><td>2</td><td>3</td><td>4</td><td>5</td></tr><tr><td>y（cm）</td><td>2</td><td>4</td><td>6</td><td>8</td><td>10</td></tr></table>	
○1分たつごとに，水の深さは2cmずつ増える。 ○xが2倍，3倍になるとyも2倍，3倍になるから，yはxに比例しているといえる。 ○xが$\frac{1}{2}$，$\frac{1}{3}$になると，yも$\frac{1}{2}$，$\frac{1}{3}$になるから，yとxは比例関係だと分かる。	◇表を横に見る見方で，xとyが比例関係にあるかどうかを判断させる。「yはxに比例している。なぜならば……」と，根拠を示して説明できるようにする。
2　本時の課題をつかむ。	
xとyの比例関係を式に表してみよう。	
○yはxの2倍になっている。 ○常に$y\div x=2$となっている。 ◎$y=2\times x$ 　xに決まった数（2）をかけるとyの値が分かる。	※2つの量xとyがあって，yがxに比例するとき，この関係を式に表すと「$y=$決まった数$\times x$」となることが分かる。 ◇比例関係において，「決まった数」が何を表すのかについて考えさせる。
3　発展させる。	
比例の式を使って問題を解いてみよう。	

・式を使って，水を10分間，20分間入れたときの水の深さ(y)を求める。 ・$y=2\times x$に数値をあてはめる。 　10分間→　$2\times 10=20$　20cm 　20分間→　$2\times 20=40$　40cm	※関係式を用いて，問題を解決することができる。 ◇すべてを表に表さなくても，関係を表す式を用いれば，yの値が求められることに気付かせる。
4　活用する。 　 　　身の回りにある，比例している2つの量の関係を式に表してみよう。 　 ○1m30gの針金の長さx（m）と重さy（g） 　$y=30\times x$ ○正三角形の一辺の長さxと周りの長さy 　$y=x\times 3$ ●父の年齢x（歳）と，子どもの年齢y（歳）（誕生日は同じ） 　⇨決まった数が見いだせるが，比例の式に表せない。	◇式に表すためには，表をたてに見て，「決まった数」を求めることが必要であることを確認する。 ◇比例していない2つの量の変わり方を表した表も用意し，比例していない場合は「決まった数」が見いだせないことも確認する。 ◇「$y=x+$決まった数」で表されることもあることを知らせる。

7．成果と課題

　本単元の学習を通して，2つの量の関係を式に表して，比例・反比例の関係にあるかどうかを確かめようとする態度が育った。また，伴って変わる2量を関係式に表すことによって，身の回りの事象を簡潔かつ明確に表す式のよさを感じることができた。

　今後の課題としては，「決まった数」が，「xの値が1増えるときのyの値の増える量」であり，「xが1のときのyの値」であることを理解したり，「決まった数」が小数や分数になった場合も比例・反比例関係を判別できたりするなど，式の見方をさらに広げたい。

（山田　美菜子）

実践例 15 第6学年の「文字を使った式」

1．単元の目標
具体的な場面の数量の関係を，言葉や□，○などの代わりに，文字 x, y などを用いて式に表したり，x, y などの文字を使った式を読み取って，具体的な場面に表したりすることができる。

2．観点別評価規準

関心・意欲・態度	数学的な考え方	技能	知識・理解
未知数を x で表して立式し，問題を解決しようとする。数量の関係を文字を用いて式に表そうとする。	未知数を x として立式すると，考えやすくなることに気付く。x, y などの文字を使って表すと数量の関係を簡潔に表すことができるよさに気付く。	具体的な場面の数量の関係を，文字 x, y などを用いて式に表したり，文字に数をあてはめて調べたりすることができる。	数量を表す言葉や□，△などの代わりに，x, y などの文字を用いて式に表すことを理解している。

3．指導計画・評価計画（全4時間）

時間	学習活動	評価規準
1	○未知数を文字 x を用いて式に表す。	関問題場面の未知数を x で表して立式し，問題を解決しようとする。 考未知数を x として，問題に即して立式すると考えやすくなることに気付く。 知□の代わりに，x などの文字を用いて式に表すことを理解している。
2	○変数を文字 x, y を用いて式に表す。	技数量の関係を x, y を用いた式に表したり，文字に数をあてはめて調べたりすることができる。

174

（本時）		考数量の関係を調べたり表したりするのに文字を用いるとよいことに気付く。
3	○式を読み取って，具体的な場面に表す。	技x，yの文字を用いて表された式から，数量の関係を読み取り，具体的な場面をつくることができる。
4	○練習	技学習内容を正しく活用して問題を解決することができる。

4．指導のポイント

(1) 本単元にかかわる既習事項

　これまで，児童たちは，問題場面を言葉の式に表したり，未知数や変数を□や△などの記号を用いて式に表したりしてきた。第3学年では，未知の数量を□などの記号を使うことで，文脈どおりに数量の関係を立式することや，□にあてはまる数を調べることを学習してきている。第4学年では，変量を□，△などを用いて式に表すと数量の関係を簡潔に表すことができることや，□，△には，いろいろな数があてはまり，□，△の一方の大きさが決まれば，それに伴って他方の大きさが決まることを学習してきている。また，言葉の式や公式など，言葉で表された式に数をあてはめて問題を解決することも経験してきている。

　本単元では，今まで使ってきた□や△などの代わりに，x，yなどの文字を用いることを学習する。未知数や変数をx，yなどの文字を使って表すと数量の関係を簡潔に表すことができるというよさに気付き，式を用いることができるようにすることが大切である。

(2) 数学的な考え方を育てる工夫

①具体的場面を式に表し，その式を用いる活動をする。

　例えば，正方形の1辺の長さと周りの長さの関係を調べるとき，右のように具体的な数をあてはめ，数量の関係を見いだし，言葉の式や□，△を用いた式を通して文字x，yを式に表していく。また，

```
1 cmのとき　1 × 4 = 4
2 cmのとき　2 × 4 = 8
3 cmのとき　3 × 4 = 12
           ⇩
 1辺の長さ ×4= 周りの長さ
□cmのとき　□ × 4 = △
$x$ cmのとき　$x$ × 4 = $y$
```

x や y に整数だけでなく，小数や分数もあてはめることで，文字にはいろいろな数があてはまること，一方の値が決まるとそれに応じて他方の値が決まることに気付くようにしていく。

②式と具体的場面，図を関連付ける。

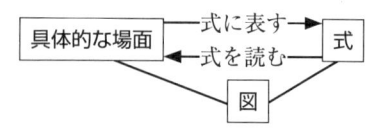

本単元では，具体的場面を式に表したり，式を読んで具体的な場面に表したりする活動を通して，数量の関係を表す式についての理解を深めていく。その際，式と具体的場面と図とを関連付けて説明させ，式の意味の理解につなげていく。

```
〈式を読み，具体的な場面に表す活動〉
 問題：30＋ $x$ ＝ $y$ で表される場面を考えよう。

  [式]              [具体的な場面]
  30＋$x$＝$y$ —式を読む→ 30円のあめと $x$ 円のチョコレートを買います。
                          代金は $y$ 円です。
         [図]
    ├ あめ30円 ─ チョコレート $x$ 円 ┤
    ├────── 代金 $y$ 円 ──────┤
```

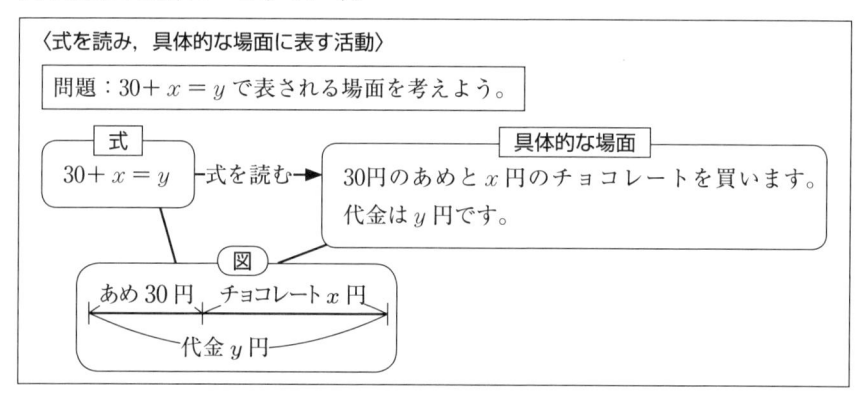

5．指導の実際（全4時間中の2時間目）

(1) 本時のねらい

数量の関係を x や y などの文字を使って式に表し，文字に数をあてはめて調べることができる。

(2) 展開

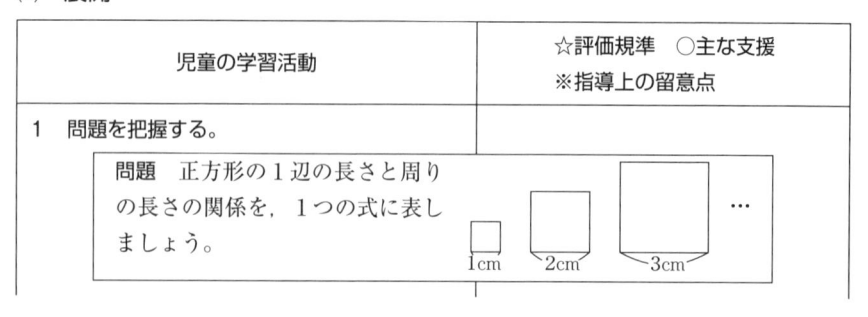

児童の学習活動	☆評価規準 ○主な支援 ※指導上の留意点
1 問題を把握する。 　問題　正方形の1辺の長さと周りの長さの関係を，1つの式に表しましょう。　□1cm　□2cm　□3cm　…	

T：1辺の長さが1cm，2cm，3cm，…の ときの1辺の長さと周りの長さの関係を， 式に表してみましょう。 C：1cmのとき　1×4＝4 　　2cmのとき　2×4＝8 　　3cmのとき　3×4＝12	※具体的な数をあてはめることで， 数量の関係を見いだしやすくする。 ※式を見て，共通している部分に注目させる。
2　1つの式に表す方法を考える。 C1：取り組むことができない。 C2：言葉の式にまとめる。 　　1cmのとき　1×4＝4 　　2cmのとき　2×4＝8 　　3cmのとき　3×4＝12 　　　　　　　　↑　　　↑ 　　　　　　1辺の長さ　周りの長さ だから，1辺の長さ×4＝周りの長さ C3：記号□，△を使って，1つの式にまとめる。 　　1cmのとき　1×4＝4 　　2cmのとき　2×4＝8 　　3cmのとき　3×4＝12 　　　　：　　　　： 　　□cmのとき　□×4＝△	☆技：数量の関係をx，yを用いた 式に表すことができる。 ○既習の言葉の式や□，△などの記号を用いた式で問題場面を表した後，文字に置き換えるようにする。 ○C1 　1×4＝4 　2×4＝8 　3×4＝12…の式で 1，2，3と4，8，12が正方形のどの部分を表している数なのかを考えるよう助言する。 ○C2 1辺の長さを□，周りの長さを△として1つの式にまとめるよう助言する。
3　考えたことを発表する。 C2：わたしは，言葉の式でまとめました。正方形の1辺の長さが1cmのとき，2cmのとき，3cmのときの式を見ると，どれも1辺の長さ×4＝周りの長さになっています。 C3：わたしは，1辺の長さを□cm，周りの長さを△cmとして，1つの式にまとめました。C2の考えと同じで，	※言葉の式や□，△などの記号を用いると1つの式で表すことができたこと，言葉の式や記号にはいろいろな数が入ったことを確認する。

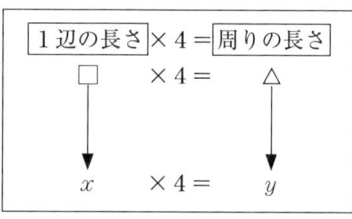

1辺の長さ ×4 が 周りの長さ になっているので，□×4＝△になります。	
4 文字を使って式に表すことを知る。 T：今までは数の代わりに言葉や□，△などの記号を使って式に表してきました。□や△などの代わりに x や y などの文字を使うことがあります。 T：では，1辺の長さを x cm，周りの長さを y cm とすると，どんな式になりますか。 C：□が x，△が y になったのだから，$x \times 4 = y$ になります。	※言葉の式も記号を使った式も文字を使った式も同じことを表していることが分かるように，整理して提示する。 $\boxed{1辺の長さ} \times 4 = \boxed{周りの長さ}$ □　　　×4＝　　△ ↓　　　　　　　↓ x　　　×4＝　　y
5 式を用いて，調べる。 ①$x \times 4 = y$ の式で，x にいろいろな数をあてはめて，そのときの y の表す数を求めてみよう。 C：$x=3$ のとき　　$y = 3 \times 4 = 12$ 　　$x=2.5$ のとき　$y = 2.5 \times 4 = 10$ 　　$x=\frac{2}{3}$ のとき　$y = \frac{2}{3} \times 4 = \frac{8}{3}$ 　　　　　　　　　　⋮ 　　　　　　　　　など T：x にあてはめた数3を x の値といいます。そのときの y の表す数12を，x の値3に対応する y の値といいます。 ②$x \times 4 = y$ の式で，y の値が72になるときの x の値を求めよう。 C：$y=72$ のとき　$x \times 4 = 72$ 　　　　　　　　　$x = 72 \div 4$ 　　　　　　　　　$x = 18$	☆㋑ x や y に数をあてはめて調べることができる。 ○整数だけでなく，小数や分数もあてはめてみるよう助言し，文字にはいろいろな数が入ることを理解させる。 ※式の変形がとらえやすいように，等号をそろえて書かせる。 ※$x \times 4 = 72 \div 4 = 18$ のような誤答をした児童には，等号の意味と用い方を再確認する。
6 学習のまとめをする。 C：x や y などの文字を使うと，正方形の周りの長さを1つの式で表すことができて便利です。	☆㋕ 数量の関係を調べたり表したりするのに文字を用いるとよいことに気付く。

| C：xにはいろいろな数が入って，xの値が決まるとそれに応じてyの値が決まると分かりました。 | ○問題場面を式に表したこと，その式を用いたことを振り返り，気付いたことを書くよう助言する。 |

6．今後の学習との関連

　今後の学習でも，未知数や変数を□や△などの記号の代わりに，x，yなどの文字を用いさせることで，文字を用いることに慣れるようにする。

〈分数のかけ算，わり算〉

1 dLで$\frac{4}{5}$ m²ぬれるペンキがあります。$\frac{2}{3}$ dLでは何m²ぬれますか。

〈未知数をxで表す〉

$\frac{4}{5} \times \frac{2}{3} = x$

〈速さ〉

時速80kmで走っている自動車は，200kmの道のりを進むのに何時間かかりますか。

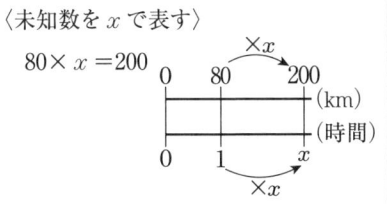

〈未知数をxで表す〉

$80 \times x = 200$

〈比例と反比例〉

水を入れる時間（x分）と水の深さ（y cm）の関係

時間（分）	1	2	3
水の深さ（cm）	2	4	6

〈変数をxで表す〉

$y = 2 \times x$

（増本　敦子）

実践例 16 第6学年の「分数のわり算」

1. 単元の目標
分数でわることの意味や，分数÷分数の計算の仕方を理解し，計算することができ，それらを活用することができるようにする。

2. 観点別評価規準

関心・意欲・態度	数学的な考え方	技能	知識・理解
分数の性質や既習の計算に関連付けて分数÷分数の計算の仕方を考えている。	分数の性質や既習の計算をもとに，分数÷分数の計算の仕方を筋道立てて考えることができる。	分数÷分数の計算ができる。割合や速さの問題場面を，除法を用いて解決することができる。	分数÷分数の計算の意味やその計算の仕方を理解する。

3. 指導計画・評価計画（全4時間）

時間	学習活動	評価規準
1	○分数÷分数の意味をつかむ。 ○$\frac{3}{5} \div \frac{1}{3}$の計算の仕方を考える。	関 分数の除法の意味を数直線を用いて考えようとしている。 考 図や計算のきまりを用いて，既習の計算に帰着して分数÷分数（単位分数）の計算の仕方を考え，説明することができる。
2（本時）	○$\frac{3}{5} \div \frac{2}{3}$の計算の仕方を考える。	考 図や計算のきまりを用いて，既習の計算に帰着して分数÷分数の計算の仕方を考え，説明することができる。 知 分数÷分数の計算の仕方が分かる。
3	○練習問題	技 分数÷分数の計算ができる。

| 4 | ○分数を使った割合や速さの問題を解く。 | 健分数を使った割合や速さの問題を解くことができる。 |

4．指導のポイント

(1) 本単元にかかわる既習事項

除法の意味について，児童たちは「何倍かを求める計算」，「基準にする大きさを求める計算」であることを学習してきている。その際，数直線を用いて数量関係をとらえ，かけ算の逆の演算として立式してきた。

〈何倍かを求める計算〉
（例） 9mの赤いリボンは，1.8mの青いリボンの何倍か。

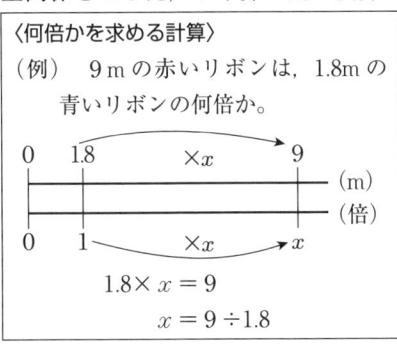

```
0   1.8    ×x      9
|----|-------------→|  (m)
|----|-------------→|  (倍)
0    1    ×x       x
```

$$1.8 \times x = 9$$
$$x = 9 \div 1.8$$

〈基準にする大きさを求める計算〉
（例） 2.5mで200円の布は，1mでいくらか。

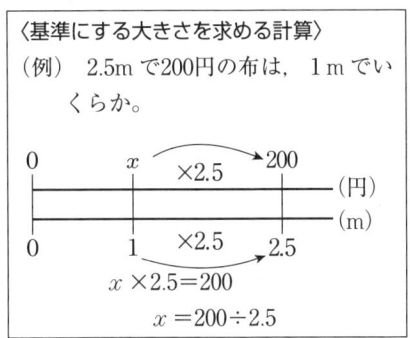

```
0    x    ×2.5    200
|----|-------------→|  (円)
|----|-------------→|  (m)
0    1    ×2.5    2.5
```

$$x \times 2.5 = 200$$
$$x = 200 \div 2.5$$

本単元でも，小数÷小数の計算と同じように，数直線を用いて数量関係をとらえて立式し，わり算の意味の理解を深めていきたい。

計算の仕方については，小数÷小数や分数÷整数，分数×分数の計算の仕方を考えたときに，数を相対的に見たり，計算のきまりを使ったりすることにより，整数÷整数などの既習の計算に帰着して考えることができることを学習してきている。本単元でも，いろいろな方法で計算の仕方を考え，共通点を見つける中で，計算の仕方を見いださせていきたい。

(2) 数学的な考え方を育てる工夫

本単元では，既習事項をもとにして，計算の仕方を考えることで，根拠を明らかにして，筋道立てて考える力を伸ばしていきたい。そこで，分数×分数，分数÷分数の単元を通していろいろな解決の仕方を経験させていき，自分の考えやすい方法を見つけ，使えるようにしていく。①問題場面を面積図や数直線にかくことで，解決の手がかりを見つけ，解決する。②わり算のきまりを使い，既習の除法に直して考える。これらの解決の仕方を用いて，自分なりに既習の計算に直して考えることができるとよい。

5．指導の実際（全4時間中の2時間目）

(1) 本時のねらい
分数÷分数の計算の仕方を考え，説明することができる。

(2)展開

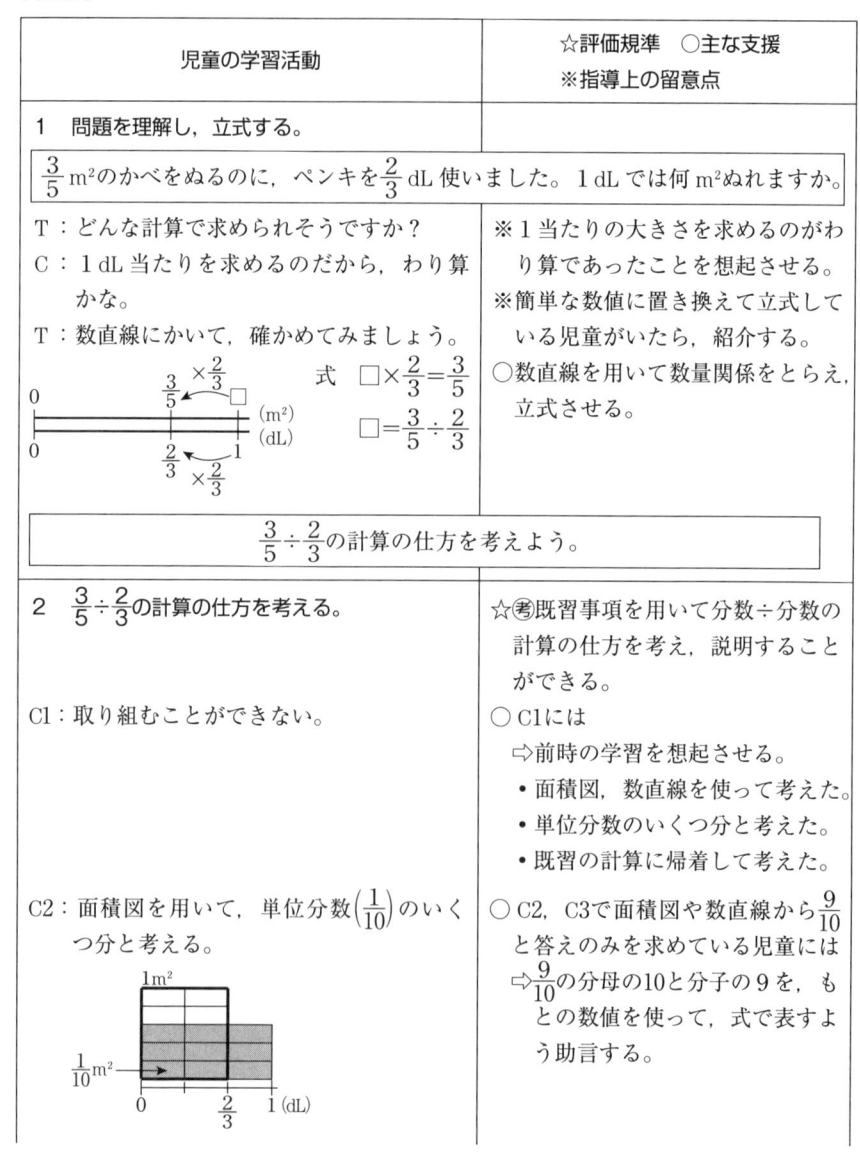

児童の学習活動	☆評価規準　○主な支援 ※指導上の留意点
1　問題を理解し，立式する。	
$\frac{3}{5}$ m²のかべをぬるのに，ペンキを$\frac{2}{3}$ dL 使いました。1 dL では何 m²ぬれますか。	
T：どんな計算で求められそうですか？ C：1 dL 当たりを求めるのだから，わり算かな。 T：数直線にかいて，確かめてみましょう。 　式　$\square \times \frac{2}{3} = \frac{3}{5}$ 　　　$\square = \frac{3}{5} \div \frac{2}{3}$	※1当たりの大きさを求めるのがわり算であったことを想起させる。 ※簡単な数値に置き換えて立式している児童がいたら，紹介する。 ○数直線を用いて数量関係をとらえ，立式させる。
$\frac{3}{5} \div \frac{2}{3}$ の計算の仕方を考えよう。	
2　$\frac{3}{5} \div \frac{2}{3}$ の計算の仕方を考える。 C1：取り組むことができない。 C2：面積図を用いて，単位分数 $\left(\frac{1}{10}\right)$ のいくつ分と考える。	☆考既習事項を用いて分数÷分数の計算の仕方を考え，説明することができる。 ○C1には ⇨前時の学習を想起させる。 ・面積図，数直線を使って考えた。 ・単位分数のいくつ分と考えた。 ・既習の計算に帰着して考えた。 ○C2，C3で面積図や数直線から $\frac{9}{10}$ と答えのみを求めている児童には ⇨$\frac{9}{10}$ の分母の10と分子の9を，もとの数値を使って，式で表すよう助言する。

$\frac{1}{(5\times 2)}$が（3×3）個分だから，

$\frac{3\times 3}{5\times 2}=\frac{9}{10}$

C3：数直線を用いて考える。

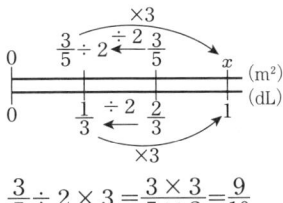

```
        ×3
   3/5 ÷2 ÷ 2 3/5
0 ├──┼────┼────┤ x  (m²)
                    (dL)
0 ├──┼────┼────┤ 1
      1/3  2/3
        ×3
```

$\frac{3}{5}\div 2\times 3=\frac{3\times 3}{5\times 2}=\frac{9}{10}$

C4：わり算のきまりを使う。

$\frac{3}{5} \div \frac{2}{3} = \frac{9}{10}$

$\downarrow \times 3 \quad \downarrow \times 3 \quad \parallel$ 同じ

$(\frac{3}{5}\times 3)\div(\frac{2}{3}\times 3)$

$=\frac{3}{5}\times 3\div 2=\frac{3\times 3}{5\times 2}=\frac{9}{10}$

○ C4には
 ⇨なぜ，わられる数とわる数に×3をしたのか，理由を書くよう助言する。

○解決できた児童には
 ⇨今までの学習の何を活用して考えたのか，また，自分の考えの根拠（なぜそういえるのか）などを明確にして，答えに至った過程について，言葉でノートに説明を書くよう助言する。

3　考えたことを発表し，それぞれの考えを関連付ける。

C2：わたしは，図を使って考えました。
 ①$\frac{2}{3}$dLで$\frac{3}{5}$m²ぬることができて，
 ②1dLではこれだけぬることができると分かります。
 ③すべてのますの大きさをそろえるために，$\frac{1}{3}$dLにも区切りをつけます。
 ④1ますが$\frac{1}{10}$m²になって，その9個分なので，答えは$\frac{9}{10}$m²です。

C：分母の10は，図を見ると，1を5等分したものをさらに2等分しているから，5×2で10となったことが分かります。

※どのような手順で図をかき，考えを進めていったのかが分かるように説明することを助言する。

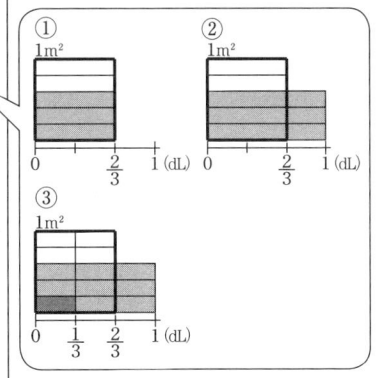

①② ③ の図（1m²，dL目盛り）

※$\frac{9}{10}$の分母の10と分子の9はどういう計算で出てきたのかを確かめる。

C：分子の9は，図を見ると，$\frac{1}{10}$が（3×3）個分の9だと分かります。 C3：わたしは，数直線を使って考えました。まず，$\frac{1}{3}$dLでどれくらいぬることができるかを考えます。$\frac{1}{3}$は$\frac{2}{3}$の半分なので，$\frac{3}{5}\div 2$で$\frac{3}{10}$m²ぬれることが分かります。次に，1dLでどれくらいぬることができるかを考えます。1は$\frac{1}{3}$の3倍なので，$\frac{3}{10}\times 3$で$\frac{9}{10}$m²ぬることができると分かります。これをまとめて計算すると， $\frac{3}{5}\div 2\times 3=\frac{3\times 3}{5\times 2}=\frac{9}{10}$となります。 C：この考えも，分母の10は5×2，分子の9は3×3で求めています。 C4：わたしは，わり算のきまりを使って考えました。 　分数÷整数はできるので，$\frac{2}{3}$を整数にするために，わられる数とわる数に3をかけます。そうすると，$\frac{9}{5}\div 2$になって，$\frac{9}{5}\div 2=\frac{9}{5\times 2}=\frac{9}{10}$で，$\frac{9}{10}$m²ぬれることが分かります。これをまとめて計算すると，$\frac{3}{5}\times 3\div 2=\frac{3\times 3}{5\times 2}=\frac{9}{10}$となります。 C：この考えも，$\frac{3\times 3}{5\times 2}$で求めています。 4　分数のわり算の仕方を一般化する。 C：分数÷分数は，わる数の分母と分子を反対にして，わられる数の分子と分母にかけるとできます。	※どのような手順で数直線をかき，考えを進めていったのかが分かるように説明することを助言する。 ① $a=\frac{3}{5}\div 2=\frac{3}{5\times 2}=\frac{3}{10}$ （数直線図：0, a, $\frac{3}{5}$ (m²) / 0, $\frac{1}{3}$, $\frac{2}{3}$ (dL)，÷2） ② $\frac{3}{10}\times 3=\frac{3\times 3}{10}=\frac{9}{10}$ （数直線図：0, $\frac{3}{10}$, x (m²) / 0, $\frac{1}{3}$, 1 (dL)，×3） ※計算の仕方へ導くために，別々に計算したものを，1つの式にまとめるようにする。 ※C2とC3の考えの共通点を見つけるよう助言する。 ※わり算のきまりを忘れてしまっている児童がいたら，わられる数とわる数に同じ数をかけても，わっても答えは変わらないというきまりがあったことを確認する。 ※途中の計算は一緒にやり，確かめる。 $\frac{3}{5}\times 3=\frac{3\times 3}{5}=\frac{9}{5}$ $\frac{2}{3}\times 3=\frac{2\times 3}{3}=2$ ※C2とC3，C4の考えの共通点を見つけるよう指示する。 ☆㊝分数÷分数の計算の仕方が分かる。 $\boxed{\dfrac{b}{a}\div\dfrac{e}{d}=\dfrac{b\times d}{a\times e}}$

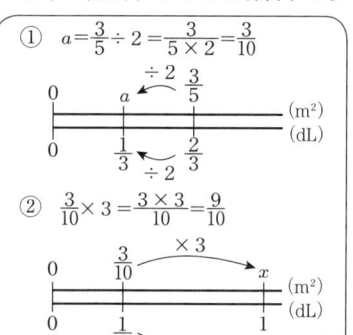

5　練習問題に取り組む。 　（例）$\dfrac{2}{5} \div \dfrac{3}{4} = \dfrac{2 \times 4}{5 \times 3} = \dfrac{8}{15}$	※途中の式もきちんと書かせる。
6　学習感想を書く。 C：今までと同じように面積図や数直線を使ったら，解決することができた。 C：1dLでどれくらいぬれるかを図を使って考えれば答えを求められた。 C：計算のきまりを使って今までに習った計算にできれば，新しい計算も解決できると分かった。	※どのような既習事項を生かすことができたのかを明確にさせる。 ※友だちの考えを聞いて学んだことや，自分の考えとどのように関連があったのかを書かせる。

（増本　敦子）

第10章　数学的な考え方の他教科等への活用

1　数学的な考え方の各教科への活用

《他教科等へ活用することの背景》

　新しい学習指導要領において重視されていることの1つに，この「他教科等への活用」をあげることができる。

　これは，OECDのPISA調査など各種の調査に，我が国の児童・生徒について，知識・技能を活用する問題等に課題が見られることから，中央教育審議会の答申に示された，以下のような算数・数学科の改善の基本方針を受けたものである。

> ○子どもたちが算数・数学を学ぶ意欲を高めたり，学ぶことの意義や有用性を実感したりできるようにすることが重要である。そのために，（以下　略）
> ・<u>学習し身に付けたものを，日常生活や他教科等の学習，より進んだ算数・数学の学習へ活用していくことを重視する。</u>
> （下線は筆者）

　この基本方針を受けて改訂された，今回の算数科の目標には，以下のように他教科等に活用することがねらいの1つとして示されている。

> 算数的活動を通して，数量や図形についての基礎的・基本的な知識及び技能を身に付け，日常の事象について見通しをもち筋道を立てて考え，表現する能力を育てるとともに，算数的活動の楽しさや数理的な処理のよさに気付き，<u>進んで生活や学習に活用しようとする態度を育てる。</u>
> （下線は筆者）

《理科の学習への活用》

　見通しをもって観察，実験などを行うこと，問題解決の能力を育てること，科学的な見方や考え方を養うこと等を教科の目標としている理科においては，数学的な考え方を活用する場面は少なくない。

　理科の学習の中での，見通しをもって観察，実験に取り組ませたり，観察，実験の結果を整理し，考察したりする活動場面において，数学的な考え方の1つである帰納的な考えや類推的な考えを活用することが効果的である。

また，観察，実験のデータから導き出された結果をもとにして説明していくような場面では，演繹的な考えを活用することが効果的である。

算数科で学習してきている数学的な考え方を，児童の発達段階に応じて意図的，計画的に理科の学習でも活用していくことで，確実な理解に結びつくことになる。

《社会科の学習への活用》

社会的な事象を観察，調査すること，地図などの基礎的資料を効果的に活用すること，社会的な事象の意味について考えること等を各学年の能力に関する目標としている社会科においても，数学的な考え方を活用する場面はある。

社会科の学習の中での数や量に着目して調査したり，観点に基づいて観察，調査したりする活動場面や，資料に示されている事柄の全体的な傾向をとらえたりする活動場面などにおいて，数学的な考え方の１つである帰納的な考えや類推的な考えを活用することが効果的である。

社会科の学習では，算数科の学習の中の資料の整理と読み（解釈）に深く関わる内容が多いことから，児童に算数の時間に学習した数学的な考え方が，社会科の学習に活用されていることを気付かせることによって，数学的な考え方の価値を実感できることになる。

《国語科の学習への活用》

新しい学習指導要領で重視されていることの１つに「児童の言語環境の整備と言語活動の充実」があげられる。このことは学習指導要領第一章総則に以下のように記されている。

> 各教科等の指導に当たっては，児童の思考力，判断力，表現力等をはぐくむ観点から，基礎的・基本的な知識及び技能の活用を図る学習活動を重視するとともに，言語に対する関心や理解を深め，言語に関する能力の育成を図る上で必要な言語環境を整え，児童の言語活動を充実すること。　　　　（下線は筆者）

この趣旨にそって考えると，言語活動の基礎となる国語科との関連を常に図る必要がある。具体的には，数学的な考え方を育てるために児童が具体物を用いたり，言葉，数，式，図，表，グラフなどを用いたりして，自分の考えたことを表現したり，友だちに説明したりする学習活動のような，算数科における言語活動を積極的に取り入れていくことが重要である。

2　数学的な考え方の他領域への活用

《道徳への活用》

　道徳との関連については，学習指導要領第2章第3節算数に以下のように記されている。

> 第1章総則の第1の2及び第3章道徳の第1に示す道徳教育の目標に基づき，道徳の時間などとの関連を考慮しながら，第3章道徳の第2に示す内容について，算数科の特質に応じて適切な指導をすること。　　　　　　（下線は筆者）

　算数科の特質に応じて考えると，数学的な考え方を育てることは道徳教育のねらいである道徳的判断力の育成や，工夫して生活や学習をよりよくしようとする態度を育てることにも資するものであるということができる。

　このような視点から，算数科で扱った内容や教材の中で適切なものを，道徳教育の要としての道徳の時間に活用することを常に考慮していく必要がある。

《総合的な学習の時間への活用》

　総合的な学習の時間との関連については，学習指導要領第5章総合的な学習の時間に以下のように記されている。

> 各教科，道徳，外国語活動及び特別活動で身に付けた知識や技能等を相互に関連付け，学習や生活において生かし，それらが総合的に働くようにすること。

　総合的な学習の時間では，この趣旨に基づき，算数で身に付けた知識や技能に加えて，数学的な考え方を活用して，様々な探究的な学習活動を進めていく必要がある。例えば，身の回りの環境と地球温暖化との関連について関心をもち，探究的な学習を行った場合においては，情報を収集してグラフ化して統計処理したり，分析し結論づけをしたりする際に，数学的な考え方の1つである帰納的な考えや類推的な考えを活用させるようにすることが効果的である。

3　生活への活用

《活用の事実への気付き》

　先に引用した算数科の目標に示されているように，今回の改訂で重視されたことが本項に取り上げる「生活への活用」である。このことは以前の学習指導要領の目標では「生活に生かそうとする」としていた記述が，今回は「活用しようとする」になったことからも明らかである。

児童一人一人が算数科で学習した数学的な考え方を進んで生活に活用しようとする態度を育てていくためには，まず第一に生活に活用されている事実に気付かせることが必要である。そのためには，身近な消費生活をはじめとして，経済生活，ものごとの判断や予測の根拠などに活用されている事実と算数の学習を意図的に結びつけるような学習の場を設定していかなければならない。

《活用するための算数的活動の導入》

　第二には，児童が実際に生活に活用していくことのよさを実感できるような学習の場を設定していくことが必要である。そのためには，学習したことをさらに発展させて考える活動，学習したことを様々な場面に応用する活動，算数や他教科等の学習を通して身に付けたものを総合的に用いる活動などの算数的活動を通して，数学的な考え方を実際に生活に活用することを経験させていかなければならない。

　例えば，身の回りから，比例の関係にある二つの数量を見つけたり，比例の関係を用いて問題を解決したりする活動においては，帰納的な考えを活用して，紙の枚数と重さとの比例関係からたくさんの紙の重さを調べるような，生活に活用するよさを経験させることができる。

（山岸　寛也）

【編者紹介】

吉川成夫（よしかわ　しげお）

略歴
元文部科学省初等中等教育局小学校課教科調査官・国立教育政策研究所教育課程研究センター調査官，前文部科学省初等中等教育局視学官
共栄大学教育学部教授

小島　宏（こじま　ひろし）

略歴
元東京都教育庁指導部初等教育指導課長・東京都立多摩教育研究所長，元東京都東村山市立化成小学校長・台東区立根岸小学校長
財団法人教育調査研究所研究部長

小学校算数『数学的な考え方』をどう育てるか

2011年8月4日　初版第1刷発行
2013年2月4日　初版第2刷発行

編　者　　吉川成夫
　　　　　小島　宏

発行者　　小林一光

発行所　　教育出版株式会社

101-0051　東京都千代田区神田神保町2-10
電話 03-3238-6965　振替00190-1-107340

©S.Yoshikawa　H. Kojima 2011
Printed in Japan
乱丁・落丁本はお取替いたします。

組版　ビーアンドエー
印刷　神谷印刷
製本　上島製本

ISBN978-4-316-80349-4